Jordan Simon

Des berühmten P. Jordan Simon zu Würzburg, in der Augustiner Kirchen vorgetragene Bekehrung Augustini

Jordan Simon

Des berühmten P. Jordan Simon zu Würzburg, in der Augustiner Kirchen vorgetragene Bekehrung Augustini

ISBN/EAN: 9783744672818

Hergestellt in Europa, USA, Kanada, Australien, Japan

Cover: Foto ©ninafisch / pixelio.de

Weitere Bücher finden Sie auf **www.hansebooks.com**

Des
berühmten
P. Jordan Simon,
zu Wirzburg,
in
der Augustiner Kirchen
vorgetragene
Bekehrung
AUGUSTINI,
von
Lehrbegierigen Federn aufgeschrieben
und herausgegeben.

Im Jahr 1763.

Erste Fasten=Rede.

Es ist Zeit, daß der Sünder mit Augustino von dem Schlaf der Sünden aufstehe, und ehrbar wie am Tag wandle.

Vorspruch.

Et hoc scientes tempus: quia hora est, jam nos de somno surgere - - sicut in die honeste ambulemus; non in commessationibus et ebrietatibus; non in cubilibus et impudicitiis; non in contentione et æmulatione; sed induimini Dominum Jesum Christum, et carnis curam ne feceritis in desideriis. Rom. XIII. v. 11. 13. 14.

Auf diese Zeit sollt ihr merken: weilen die Stund jetzt da ist, von dem Schlaf aufzustehen. - Lasset uns ehrbar wie an dem Tag wandeln; nicht in Füllerey und

und Trunkenheit; nicht in Schlafkam=
mern und Unzucht; nicht in Zank und
Eiferſucht; ſondern ziehet an den Herrn
JEſum Chriſtum, und traget keine Sor=
ge eures Fleiſches in den Begierlich=
keiten.

Wie ein gehlinger Donnerſchlag den betrunkenen, und unter einem ſchattigten Baum auf offenem Feld ſchnarchenden Wanderer aus der Tie=fe des Schlafes erwecket; ſo haben dieſe Worte den von Wolluſt berauſchten, und tief in dem Schlafe der Sünde verſenkten, und unter einem kühlen Feigenbaum ru=henden Auguſtinum aufgewecket. Wie der helle Blitz den in der ſchwarzen Nacht umtappenden Wanderer gehling in ein hel=les Licht ſetzet, und ihm vor ſeinen Füſſen den fürchterlichen Abgrund ſichtbar macht, in den er bey dem erſten Schritt wäre da=hingeſtürzet; ſo haben dieſe Worte die Fin=ſterniſſen des Unglaubens, und der Ma-nichæiſchen Irrthümer in dem Verſtand Auguſtini zerſtreuet, und ihm den Ab=grund kennbar gemacht, wohin ſchon ſeine verlohrne Seele ſtürzte. Wie der feuerige
Strahl

Strahl den stolzen Bau in wenigen Stunden in Staub und Aschen leget; so haben diese Worte das stolze Gebäude des Hoffarts und der Eitelkeit in dem Willen Augustini in wenigen Minuten in die Aschen der Buß, und in den Staub der Demuth niedergeleget. Wie die Wunderkraft der Allmacht die Bande und Ketten zersprenget, und den Gefangenen in die Freyheit setzet; so haben diese kräftige Worte die Bande der Sünden, und die Sclaven-Fesseln der sündigen Gewohnheit zerrissen, und Augustinum, den Leibeigenen des Sathans, in die Freyheit der Kinder Gottes gesetzet.

Mächtige Worte! Kaum hatte Augustinus, der verlohrne, der unglaubige, der üppige, der in Wollust ersoffene Augustinus auf Geheis einer fremden und unbekannten Stimme das vor seinen Füsen liegende heilige Buch des neuen Bundes aufgehoben, aufgeschlagen, und diese Worte gelesen; so stunde er bekehret, verändert und verwandelt zu einem frommen, zu einem heiligen Leben auf; und die üppige, die fleischliche Melania kehrte mit einem heiligen Gelübd, nimmermehr mit einem Mann zu sündigen, bußfertig nach Africa von Mayland zurück.

O daß doch diese nemliche Worte auf meiner Zunge in diesen Tagen solche Kraft hätten, einen einzigen verlohrnen Augustinum, eine einzige üppige Melania aus der Tiefe des Sünden-Schlafes zu erwecken, um ihre stolze Herzen in die Asche der Buß zu verwandlen, und ihre Seelen zu einem Leben der Heiligkeit zu bekehren! O daß diese Worte, da ich sie in diesen Fasten-Reden, und zwar eines nach dem andern, zu ihren Ohren und Herzen werde reden, so viel Kraft und Wirkung in ihren Seelen hätten, als sie in der Seele Augustini hatten, da er sie von dem geheiligten Blatt lase!

Wunderwürkende Gnade Gottes! nicht die stummen Worte, nein, du warest es, so sich dieser Worte, als eines Werkzeuges bedienet, das sündige Herz Augustini von dem Sünden-Schlaf aufzuwecken, und in ein Gefäs der Heiligkeit zu bekehren. Dich flehe ich aus der Tiefe meines Herzens an; bediene dich meiner schwachen Zungen als eines würdigen Werkzeuges in diesen Tagen durch die mächtige
Worte

Worte Pauli: Non in commeſſationibus &c. einen einzigen Auguſtinum, eine einzige Melania aus dem Schlaf der Sünden zu einem frommen und heiligen Leben zu erwecken! Dieſes iſt die heilige, die gerechte Abſicht meiner Faſten-Rede. Heut in meiner Eingangs-Rede ſage ich nichts, als dieſes: **Merket auf dieſe Zeit, denn die Stund iſt da, daß ihr mit Auguſtino und Melania von dem Schlaf der Sünden aufſtehet, und ehrbar wie an dem Tag wandlet.** In den zwey nächſten Reden werde ich euch Auguſtinum den ſündigenden, in den zwey folgenden den ſich bekehrenden, und in der letzten den bekehrten zu eurem Beyſpiel aufführen.

O, daß ein jeder Sünder und Sünderinn glaubeten, er wäre dieſer Auguſtinus, ſie wäre dieſe Melania, zu welchen ihr GOtt durch meinen Mund dieſe Worte redete. Vielleicht würde ich nicht unnütz reden, und ſie mich nicht vergeblich anhören.

P. I.

Oder, giebt es vielleicht heut keinen Auguſtinus mehr, giebt es vielleicht heut keine Melania mehr, die ſorglos in der

Sünde schlafen, und der mächtigen Gnade zu ihrer Auferweckung und Bekehrung bedürfen? Ich will euch beyde schilderen; und in dem Spiegel ihres Lebens wird jeder, und jede erblicken, wie viel sie diesen beiden Schlafenden gleichen. Einer Melania, die Tage lang vor dem Spiegel stehet, um ihre aus Schachteln und Gläsern erbettlete Schönheit zu betrachten; einem Augustino, der mit einem vorwitzigen Blick vor dem Spiegel dahin rauschet, um seinen verführerischen Reitz der aufgedockten Eitelkeit zu bewundern, wird es ja nicht verdrüßig fallen, einige Augenblicke ihre Seele in diesem sittlichen Spiegel anzusehen.

Augustinus, hier habt ihr das Gemählde meiner Haupt-Person, Augustinus in der Blüthe seiner Jugend, in dem 32. Jahr seines Alters, ein Jüngling, wie der Pemsel eines Mahlers den lachenden und scherzenden Frühling mahlet; Melania eine junge Docke, wie der Sittenlehrer die Eitelkeit in ihrem Aufputz, oder die Frechheit in ihren Ausschweifungen schildert.

Die Natur hatte den Cörper Augustini wohl gebildet, und an seiner erhabenen Seele alle Gaben des Geistes verschwendet.

det. Ein freundliches Angesicht, eine wohlgewachsene Gestalt, ein feuriger Geist, ein durchdringender Verstand, eine aufgeklärte Vernunft, eine erhabene Beredsamkeit, artige und wohlgefällige Sitten machten ihn dem Männlichen Geschlecht angenehm, und von dem Weiblichen erzwangen sie ihm Gunst und Liebe. Monica seine so sorgfältige als fromme Mutter hatte ihm in der Kindheit mit den geheiligten Gründen des Glaubens und der Religion die Liebe zur Tugend eingeflöset; er hatte aber kaum die hohe Schul zu Carthago betretten, und kaum ware er in die Hände ausschweifender und wollüstiger Jünglinge gerathen, so verflogen die guten Gründe des Glaubens; die Religion wurde ihm zu einem Gespötte, die Gesetze der H. Kirchen schienen ihm eine Erfindung der wucherischen Geistlichkeit, das ganze Werk der Religion sahe er für einen klugen, von Staats-Männern ersonnenen, Kappenzaum des einfältigen und unbändigen Pöbels an; und da er einmahl diese niederträchtige Begriffe von dem Glauben hatte, fieng er an, an der Unsterblichkeit der Seele zu zweiflen. Das Zukünftige und Ewige verachtete er, als Vorurtheiurtheile der von Eltern und Schul-Lehrern betrogenen Jugend. Um seinen aufgeweckten Sinnen und erregten fleischlichen Gelüsten einen unbestraften Lauf zu verschaffen, zweifelte er auch an der Wirklichkeit eines GOttes; oder doch, um seine Gerechtigkeit nicht fürchten zu dörfen, legte er die Schuld der zaumlosen Begierlichkeit auf die Natur, und ihren Urheber selbsten. Der mich in der Begierlichkeit erschaffen, ware sein irriger Vernunft-Schluß, kan mir selbe zu keiner Sünde anrechnen; oder doch die Sünde, die eine Schuld der Natur ist, an seinem Geschöpfe nicht strafen. Entweder, sagte der verkehrte Augustinus, kan er die Sünde verhindern, und thut es nicht, so ist er ein unvorsichtiger GOtt; oder er kan es nicht, und strafet sie doch, so ist er ein unmächtiger, ein ungerechter GOtt. Endlich fiele er den Atheistischen und thorrechten Manichæern in die Hände; und die Lehre, daß alles, was in dem Menschen gutes wäre, ein guter GOtt; was aber böses schiene, ein böser GOtt erschaffen hätte, gefiele ihm am besten, weilen sie seinen Begierlichkeiten Zaum und Zügel liese, und er alle Sünden unbestrafter auf den Urheber

ber der Natur schieben könnte. Kaum ware dieses Lehrgebäude in seiner Seele aufgeführet, so wurde er ein Sclav der Wolluſt, ein Meiſter der Ausſchweifung, ein Lehrer des Unglaubens.

Noch eines ware, so ihm auf der Laufbahn der Wolluſt und Sünden in dem Weg ſtunde. Er ware ſeiner frommen Mutter zu nahe, und er konnte den Warnungen ſeiner ihn bedaurenden Freunde nicht ausweichen. Auguſtinus betrüget ſeine fromme Mutter, er giebt vor, ſeinen Freund an das Ufer zu begleiten; und in ihren Augen fliehet er mit ſeinem Freund, und mit ſeiner ſo üppigen, als wollüſtigen Melania über die Fluthen des Meers von Africa nach Rom. Und, da ihm ſeine fromme Mutter nacheilet, fliehet er von Rom nach Mayland, um sicher und ungeſtöhrt in den frechen Armen ſeiner Melania zu ruhen, die ihn ſchon mit einer unerlaubten Frucht ſeiner zaumloſen Liebe geſegnet hatte.

Es hatten ihn zwar ſchon erleuchtete Geiſter einiger Freunde, die ihn zu Rom wegen ſeinen geprieſenen Gaben in ihre Geſellſchaften gezogen, aus den lächerlichen

Ketzer=

Ketzer-Banden der Manichæer losgewickelt; allein die Furcht, seinen schmeichlerischen Wollüsten den Abschied geben zu müssen, wenn er sich zu einer Religion bekennen würde, verwandelte den Atheisten in einen Indifferentisten; er glaubte ein erstes Urwesen; aber die Gesetze der Religion waren seinen Gelüsten entgegen; denn GOtt, den er nicht läugnen konnte, wollte er nur für keinen Richter seiner Handlungen, noch für einen Belohner des Guten, noch für einen Bestrafer des Bösen erkennen. Er liebte die Tugend, aber nur damit seinen Lastern zu schmeichlen; er befliesse sich der schönen Sitten, aber nur mit selben den Augen der Menschen seine Ausschweifungen zuzudecken; er bekennete sich zu keiner Religion, um desto freyer und ungescheuter seinen Gelüsten und Eitelkeiten nachzuhängen; er erschiene zwar in den Tempeln der Christen; aber einen Wohlredner, nicht aber einen Christlichen Redner anzuhören; oder nur seine Freunde dahin zu begleiten, und die allda versammlete zu sehen. Er lase die geheiligten Blätter des alten und neuen Bundes; da er aber keine Blumen der Wohlredenheit in selben antrafe,

trafe, ſpottete er der Einfalt des Schreibers, und des ſchlechten Geſchmackes des Lehrers. Er ſahe die Andachten der Chriſten; und er belachte ſie als einen Aberglauben des verführten Volkes, und als eine dumme Einfalt ihrer Prieſter. Und indeſſen ſchwamme ſein Cörper in Wolluſt, ſein Herz brüſtete ſich mit Hochmuth und Eitelkeit, und ſein Geiſt nährte ſich mit dem Spinnengewebe der ſtarken Geiſter und beredſamer Schriftſteller, und mit ihren ſinnreich erdichteten Wahrheiten; und ſeine ganze Seele lage von Wolluſt und Ueppigkeit eingeſchläfert in dem tiefſten Schlummer der Sünden.

Ich werde euch einen Dienſt erweiſen, wenn ich euch die ſchöne Tages-Ordnung unſeres verkehrten Auguſtini und ſeines Kebsweibes Melaniæ erzehle. Den Mittag brachte Auguſtinus mit ſeinen Freunden an vollen Tafeln zu; an dieſen wurden die reichen Einkünfte ſeines Lehr-Amts (denn in ſelbigen Zeiten wurde das Lehr-Amt eines Wohlredners theuerer, als in unſeren Zeiten die wichtige Stelle eines Miniſters, belohnet, weilen die Wohlredenheit in ſelben Zeiten den Fürſten die

Ge-

Gesandte gebahre:) alſo dieſe reiche Einkünften wurden an den prächtigen Gaſtgelagen ſeiner Freunde in den gewürzten und theuern Schüſſeln verſchwendet. Hier wurde der Geſchmack durch die entſchöpfte Erfindungen der Köche gereitzet, und alle Elementen wurden ihrer Schätze ausgeraubet, um der Wolluſt neue Regungen zu geben.

Die ſo freche als aufgedockte Melania, die in ihren Zeiten als eine Göttin der Eitelkeit angebetet wurde, vertrate die Stelle einer Königin an dieſen Tafeln; und da jeder Freund den Gegenſtand ſeiner müſigen Liebe zur Geſellſchaft mitbrachte, ſo waren alle Sinnen mit der Wolluſt beſchäftiget. Die Augen bezauberten die nachläßige Schönheiten, die Ohren ergötzten wechſelweis die ſchmachtende Stimmen der Syrenen unter liederlichen Geſängen, und unter ſpielenden Inſtrumenten der Ton-Kunſt, oder ſie wurden von den zweydeutigen luſtigen Einfällen und ſcherzenden Erzehlungen der feuerigen und erhitzten Geiſter, oder durch den Tadel der Mängel des Nächſten, oder durch das Geſpötte der Religion und des Glaubens der Chriſten unterhalten; denn dieſer wurde, wie der Prieſter, in
lächer-

lächerlichen Ausdrücken gespottet; der Geschmack wurde durch die Niedlichkeit der Speisen gereitzet; und wenn schon die vollen Becher Augustinum nicht bis zur Berauschung und Trunkenheit, wie Augustinus selbsten bekennet, denn diese sind nur viehischen und vernunftlosen Menschen anständig, anfülleten, so erhitzten doch die fremden und feuerigen Getränke, und die wollüstigen und gewürzten Säfte die Einbildungskraft, und die kochende Geister schwärmeten taumelnd von einer Ausschweifung zur andern.

Unter diesen täglichen jetzt bey diesem, jetzt bey einem andern Freund umwandelten Gastgelagen brachen die Abendstunden ein. Diese wurden jetzt in den dunklen Winkeln oder an einem Fenster mit lächerlichen Anbettungen, und schmachtenden Seufzern der Verliebten, jetzt an den ernsthaften Spieltischen mit einem wahnwitzigen Nachsinnen und Hirnbrechen über die Untreue der ungewissen gemahlten Blätter, und blinden Augen der Würfeln, jetzt mit einem in den Abgrund verwünschten Verlust einer unglücklich verschwendeten Jahrs-Nahrung, jetzt mit einem zum unversöhnlichen

lichen Haß, und mit einem durch gezückten Dolchen gesuchter Rache ergrimmten Zank-Geist, jetzt mit üppigen und frechen Tänzen, die den glimmenden Zunder der Geilheit unterhielten, jetzt mit unnützen, ärgerlichen und verleumberischen Geschwätze, jetzt mit reitzenden Schauspielen, jetzt mit verlarvten Spazier-Gängen und andern schnöden und nichts gutes bedeutenden Lustbarkeiten öfters bis zum Auftritt der gepurpurten Morgen-Röthe zugebracht.

Und alsdenn! Ach alsdenn deckte die Nacht mit ihrem schamhaften Schleyer in den Gemächern und Schlaffkammern, in geschlossenen Zimmern und Winkeln die Sünden zu. Und wenn nach ausgerauchtem Dampf der wollüstigen Speisen und der berauschenden Becher Augustinus (ach, der wollüstige Augustinus!) sich aus den unverheyrateten Armen seiner Melania losgerissen, musten die treuflende Haare in Locken, und die stolze Africanische Kleider in Falten geleget werden. Aufgeputzet, wie ein Lehrer der Eitelkeit, stäubend von dem wohlriechenden Pulver, riechend von dem köstlichen Mosch und Ambra, bestiege er den stolzen Lehrstul der Beredsamkeit,

keit, mit schwülstigen, und nur nach dem Geschmack des verlüsterten Weltgeistes geizenden Gesetzen bezauberte er die erstaunte Lehrlinge, und unter einem Gepränge der klatschenden Zuhörer kehrte er hochmüthig nach Hause zurück.

Melania, die indessen Stundenlang vor dem verrätherischen Spiegel gesessen, die ihre Haare in täglich wechslende Buckeln geleget, und selbe mit den nach Jahrszeiten wechslenden Blumen und Bändern durchflochten, die ihre nach dem Geschmack des damals wollüstigen Italiens reizende Blöse mit Vermischung des Africanischen und welschen Aufputzes durch nachläßige Kleider-Mode erhöhete, die ihren braunen Hals mit Milchweissen Perlen, und ihre schwarze Haare mit schimmernden Nadeln, und leuchtenden Kleinodien von Ohren-Gehängen umwunden, floge, wie eine geschmückte Venus ihrem Adonis entgegen. Hier wurden entweder auf gestickten Polstern die müßige Stunden mit verliebten, unnützen Gesprächen, wollte ich sagen, oder mit Lesung der vergifteten Helden-Schriften, oder mit Auslegung der von Liebe berauschten Dichter zugebracht, bis endlich

B die

die gestrige Stunde das in sich selbsten ver⸗
zückte Paar zu den befrachteten Tafeln und
zu der Gesellschaft der munteren Freunde
und scherzenden Freundinnen rufte; und
hier wurde unter zärtlichen Küssen und fre⸗
chen Umarmungen der heutige Tag an den
verflossenen geknüpfet.

In dieser wechslenden Reihe des Wol⸗
lustes, der Eitelkeit und Sünden wurde die
Kette der jugendlichen Jahre Augustini
und Melaniæ fortgeflochten. Lasset mich
zu meinem Vorhaben deutlicher reden: In
diesem Zauberschlaf der Sünden, des Un⸗
glaubens, der Wollust, der Eitelkeit, der
jugendlichen Freuden lagen Jahre lang
Augustinus und Melania versenket. Und
in diesen Spiegeln hat noch kein Augusti⸗
nus, keine Melania ihren ruhigen, sorgen⸗
und Gewissenlosen Sünden⸗Schlaf erbli⸗
cket? In meinen künftigen Fasten⸗Reden
werde ich mit meinen Zuhörern noch drey
Worte über diese Frage zu sprechen haben;
anjetzo hab ich noch ein Wort mit Augu⸗
stino, mit Melania und ihres gleichen zu
reden.

P. II.

❋ ❋ ❋

P. II.

Auguſtine, Auguſtine! Melania, Melania! wie lang wollt ihr in dieſem Schlaf des Wolluſtes und der Eitelkeit, des Bauch- und Wohllebens noch dahin ſchlummern? Laſſet mich anderſt fragen (denn ich bin überzeuget, daß, wenn es in eurem Willen ſtünde, die Gränze und Kette eures Lebens auszuſtecken, ihr eine ganze Ewigkeit ſo fort luderen wolltet; da ihr aber der unlaugbaren Wahrheit überzeuget, daß euch der Tod gewiß, die Stunde aber des Todes ungewiß ſeye, ſo wiſſet ihr mir ſelbſten nicht zu antworten, wie lang dieſes Spiel dauren könne oder werde) ſo laſſet mich dann anderſt fragen: Welches wird das Ende eures wollüſtigen und viehiſchen Fleiſch-Lebens ſeyn? Ihr werdet mir antworten: Wenn kein GOtt, und keine Ewigkeit iſt, ſo wird mein Cörper in Staub und Aſchen, und meine Seele, wenn ich eine habe, in Wind und Rauch verfliegen. Wie aber, wenn ein GOtt und Ewigkeit wäre? So wird er mich als ſein Geſchöpf nicht ewig von ſich verſtoſſen; der Himmel wird nicht für die Gänſe erbauet, und meine Seele zu keinem Schauſpiel seiner Grauſamkeit erbauet ſeyn. So redeſt du; aber ich führe eine andere Sprache: Ich ſage dir; Dieſes wird das Ende deines Sünden-Schlafes ſeyn: deine Seele wird in den unter deinen Füſſen aufgeſperrten Rachen der Höllen hinabfahren, und ſie wird in einen brennenden Feuer-Ofen in praßlenden Flammen auf ewig begraben werden.

Ihr lachet? ihr ſpottet meiner Rede? Wie aber, wenn ſie wahr wäre? ich will noch weniger ſagen; wie, wenn dieſe Strafe nur zweifelhaft, wenn ſie nur ungewiß wäre; wolltet ihr es alsdann als vernünftige Menſchen bey ſo einer wichtigen Furcht auf ein gerathe wohl ankommen laſſen? So viel bin ich von eurer Vernunft überzeuget, daß, wenn ihr an einer Tafel bey ſechs Freunden ſitzetet, und vier Freunde behaupteten, dieſe oder jene Speiſe ſeye euch tödlich; zwey aber betheuerten, ſie würde euch nicht ſchaden; warum? weilen ſelbſten ſie ſelbe lieben; ich weiß, ihr würdet auf Zureden der zweyen die Speiſe nicht eſſen, welche euch vier als tödlich abrathen. Drey Theile der Welt ſagen euch, das Ende des Sünders ſeye ein ewiger Scheiter-
haus

haufen; und in einem Theil sagen hundert, dieser Scheiterhaufen seye ein Mönchen-Gedicht; und warum sagen es diese? können euch diese hundert stärkere und überzeugendere Proben geben, als die andere drey Theile der Welt? keines Weegs. Sie sind, wie ihr, in den Wollüsten ersoffen; und sie wünschen, wie ihr, daß kein GOtt, und keine Hölle seye, um ungestraft, um Furcht und Sorgenfrey die Wollüste dieser Welt zu geniessen. Und ihr wollet als Vernünftige euch einer Gefahr aussetzen, so euch drey Theile der Welt betheuren, weilen es hundert in einem Theil wiedersprechen?

Doch, heut habe ich keine Zeit mit Glaubens- und Religions-Spöttern zu vernünfteln; heut über 3. Wochen will ich ihnen ihren Zweifel benehmen; indessen bleibe ich bey meinem Ausspruche. Das Ende eures Sünden-Schlafes wird ein ewig brennender Scheiterhaufen seyn. Wann, wann Augustine, und Melania, wann wird sich euer Lust-Spiel so traurig endigen? Vielleicht heut, vielleicht diese Nacht, vielleicht Morgen, vielleicht übermorgen; denn ihr könnt es nicht läugnen; eine einzige Fieber-Hitze, ein einziger Schlag-Fluß, ein einziger Zufall kan eurer Wol-lust, und zugleich eures Lebens Ende seyn.

Augustine, Augustine! Melania, Melania! nicht ich, nein; Paulus, der viele tausend Heyden bekehret; ich irre, nicht Paulus; euer GOtt, euer erstes Urwesen, so ihr nicht läugnen könnt; den nur der verführt und thorrecht läugnet; Dieser HErr des Lebens und Todes rufet euch zu: et hoc scientes tempus, quia hora est, jam nos de somno surgere. Merket wohl auf diese Zeit: denn, jetzt ist die Stun-de; jam, jam jetzt, diese Sunde ist es, wo ihr von eurem Sünden-Schlaf auf-stehen müsset, wenn ihr dem gedroheten ewi-gen Untergang entfliehen wollt. Dieses ist die Zeit, ja, diese Stunde ist es, da ich diese Worte zu euch rede.

Warum ist es denn diese Stunde, wer-det ihr mich fragen? warum nicht die mor-gige? warum nicht nach einem, warum nicht nach zehen Jahren? warum nicht die Stunde des Todes? Augustine, Augu-stine! Melania, Melania! wisset ihr denn die Stunde eures Todes? wie, wenn sie heut, wenn sie morgen wäre? aber, wenn

sie

sie auch erst über 10. über 20. Jahre wäre; ich sage doch, diese Stunde müßt ihr noch von eurem Sünden-Schlaf aufstehen, weilen eine jede andere zu spät seyn wird. Glaubet nicht, daß es leere Drohungen seyen; ich rede mit Grund.

Ihr braucht eine mächtige Gnade, die eueren Verstand erleuchte, daß ihr eueren GOtt, euere Sünde, euere Gefahr, euere Ewigkeit erkennet. Ihr brauchet eine mächtige Gnade, die eueren Willen aus den wollüstigen Banden der Gewohnheit reisse, in welchen ihr gefesselt schmachtet; ihr bedarft einer wahren, einer vollkommenen Buß und Bekehrung; ihr bedarft den Tod eines Gerechten, wenn ihr der ewigen Strafe entgehen wollt. Und sehet, in der Stund des Todes wird euch die Gnade entgehen; euere Buß wird falsch und heuchlerisch, und euer Tod ein Tod der Sünder seyn. Heut, jetzt ist also die Stunde eueres Heils, wenn ihr nicht wollt ewig verlohren gehen.

Der Sünder, Augustine, gestehe es selbsten, ob ich die Wahrheit rede; der Sünder braucht die Gnade, um von seinem Sünden-Schlaf zu erwachen. Berauschte Menschen bedarfen eines mächti-

gen Stoſſes, um von ihrem Schlaf zu erwachen. Sünder, die von Wolluſt berauſchet tief in dem Schlaf ihrer fleiſchlichen Gewohnheiten liegen, bedarfen einer mächtigen Gnade, aus ſelben zu erwachen, und, ſo lang ſie weder Gefahr noch Krankheit verſpühren, ſich aus ihren wollüſtigen und üppigen Feſſeln los zu reiſſen. Ihre Geſundheit, ihre junge Jahre, ihre verführiſche Geſellen, die Hofnung eines längeren Lebens machen ſie ſicher, ſie ſchläferen ſie ein; und wenn auch die Gnade ſie zu Zeiten wecket und erſchröcket, ſo wiegen die Süßigkeiten der Wollüſte ſie wiederum ein. Wer ſoll ſie nun erwecken? die Gnade? Auguſtine, du weißt es, und du kanſt es auch deiner Melania ſagen, daß die Gnade eine Gnade, uud keine Schuld deines GOttes ſeye. Und dieſe mächtige Gnade verſprichſt du dir? Gnaden verſpricht man ſich nur von Freunden, und von geneigten Gönnern; und du dir von deinem GOtt? von deinem GOtt, den du nicht kennen wilſt, deſſen Geſetze du mit Füſſen tritteſt, deſſen Gnaden du ſo ſtolz verachteſt, deſſen Drohungen du ſo höniſch ſpotteſt, vor deſſen Stimme du ſo boßhaft
deine

deine Ohren zudrückest, deſſen Angeſicht du ſo argliſtig fliehest? ꝛc. Dieſer dein GOtt müste ein unempfindlicher Block, ein unweiſer GOtt ſeyn, wenn er dir ſeine Gnade zuletzt aufdringen wollte, da du wilſt; weilen du nicht gewollt, da er gewollt. Du wirſt doch, wie es dem Samſon ergangen (denn die Bücher des alten Bundes muſt du Atheiſt doch als alte Geſchichtbücher gelten laſſen) da er in dem Schoos ſeiner Dalila geſchlafen: Dreymal hat ihm der HErr die Stärke gegeben, daß er die Stricke und Bande, wie Zwirn und Spinnenfaden zerriſſen, in welchen ihn ſeine treuloſe Dalila gefeſſelt; aber das viertemal wiche der HErr von ihm; er fiele in die Hände Philiſtim, da er ſorgenfrey, und in der Meynung, ſeine Bande, wie er wollte, zu zerreiſſen, in den Armen ſeiner Dalila ſchliefe; ſie haben ihm die Augen ausgeſtochen, und er muſte, wie ein Eſel, die Mühlſteine treiben. Auguſtine, Auguſtine! nicht nur drey, oder dreißig, ſondern unzählige malen hat dir GOtt ſeine Stärke und ſeine Gnade ertheilet, die Bande der Wollüſte, in denen dich deine Melania geflochten, wie Gewebe der Spinnen zu zerreissen. Da du nun mit seiner Gnade nur scherzest; meynest du nicht, GOtt werde endlichen dir selbe, wie dem Samson, entziehen, und du werdest endlichen blind und geblendet in den Händen der höllischen Philistim hangen bleiben?

Oder, versprichst du deinen eigenen Kräften mehres, als der Allmacht der Gnade? in dieser dir von der Gnade verliehenen Stunde wilst du dich nicht zu deinem GOtt bekehren? wann denn? in der Stunde des Todes, wo dir die Gnade, die du anjetzo verachtest, nicht beystehen wird? alsdann willst du deinen GOtt lieben, denn du weist, daß du ohne seiner Liebe verlohren bist; alsdann wilst du ihn lieben? den willst du lieben, den du in deinem ganzen Leben, wo nicht mit dem Herzen, doch mit Worten und Werken verläugnet hast; den wilst du lieben, den du so muthwillig, so frech beleidiget, und seinen heiligen Gesetzen getrotzet hast? Verzeihe mir; fürchten wirst du ihn; knechtisch wirst du ihn fürchten; vor seiner Gerechtigkeit wirst du beben und zitteren. Alsdenn, sagst du, in der Stunde des Todes will ich den Priester rufen lassen,

Buß

❊ ❊ ❊

Buß will ich thun, meine Sünden will ich beichten und beweinen.

Ganz recht; der Priester wird zu dir, wie der Prophet zu dem Jeroboam, kommen; aber du wirst nicht deine Sünden bereuen. Bitte für mich, Mann GOttes, wirst du mit Jeroboam rufen, bitte deinen GOtt (als wenn es dein GOtt nicht wäre) daß der HErr mir meine Gesundheit zurückstelle. Du wirst weynen, aber mit Ezechia, daß du in der Blüte der Jahren die Welt, die so schmeichlerische, die noch nicht genug verkostete Welt verlassen sollest. Vielleicht wirst du auch deine Ausschweifungen bereuen; aber, weilen du selbe nicht mehr geniessen, sondern von Freunden auf ewig sollest getrennet werden. Du wirst über deine Sünden weinen, wie Antiochus, weilen du bey dem matten Licht der Todenkerzen erkennen wirst, daß sie keine Barmherzigkeit, sondern die strengste Gerechtigkeit verdienet haben.

Und in diesen deinen so betrübten und verzweifelten Umständen soll ich von dir Augustine, von dir Melania, den Tod der Gerechten folgeren? Weist du, wie du als

alsdann sterben wirst? in den Armen deiner Melania, wie Sisara in den Armen der Jael. Das Siegreiche Schwerd der Richterin Debora flüchtete den tapferen Feldherrn Sisara von einem Feld in das andere; Jael die Freundin und Gemahlin seines Bundesgenossen lude den flüchtigen ein; sie tröstete ihn, sie labte seine durstige Lefzen mit einer Tassen von süsser Milch, und sprache ihm ein Herz ein: fürchte dich nicht, sagte sie; sie deckte ihn mit einem Mantel zu, und sagte zu allen, die nach ihm fragten: Sisara ist nicht zugegen. Indessen ergriffe sie einen langen Nagel, und mit einem starken Hammer heftete sie seine unglückselige Schläfe an die Erden. Augustine, Augustine! Ja in der Stunde des Todes, wo du für das Schwerd der Gerechtigkeit dich alle Winkel deines Bettes durchwerfen wirst, wird dir Melania Herz einsprechen, sie wird den Schweis des Todes abdrocknen, sie wird dich Beängstigten zudecken; sie wird alle, auch so gar die Priester, abweisen, und keinen zu dir lassen; sie wird dir sterbend noch die Milch ihrer mitleidigen Thränen zu kosten geben, sie wird dich unter ihren zärtlichen Umar-
mun-

mungen einſchläferen; du wirſt ſchlafen; aber ewig wirſt du einſchlafen, und deine Freundin wird dir alſo ſelbſten den Nagel der göttlichen Gerechtigkeit durch deine Seele ſchlagen. Und alsdenn willſt du mir glauben machen, du ſterbeſt den Tod der Gerechten? O eingeſchläferter Auguſtine! jetzt, jetzt iſt die Zeit, die Stunde, daß du von dem Schlaf deiner Sünde aufſtehest.

Ach! Auguſtinus gehet aus dem Tempel mit ſeiner Melania; Hand in Hand geſchlungen; höhnend, ſcherzend gehet er über meine Drohungen fort; und wohin? über 8. Tage wollen wir ſehen, wo er hingegangen. Indeſſen rufe ich zu der göttlichen Barmherzigkeit für ihn; ich bitte euch, rufet mit mir für ihn: Miſerere mei Deus. HErr und GOtt erbarme dich ſeiner.

Zwey-

Zweyte Fasten-Rede.

Vorspruch.

Non in comessationibus et ebrietatibus. Rom. XIII. v. 13.

Nicht in Mahlzeiten und Trunkenheiten.

Und wo meinen sie, A A. daß ich Augustinum mit seiner Melania angetroffen? denn auf dem Fuß bin ich ihnen nachgefolget, da sie Hand in Hand geschlungen so hönisch und spottend über meine Drohungen, daß es Zeit, ja, daß es die Stunde seye, von ihrem Sünden-Schlaf zu erwachen, wenn sie nicht beyde in den unter ihren Füssen geöfneten Abgrund stürzen wollten, mich verlassen haben. Wo meinet ihr, daß noch selben Abend diese Kinder der Finsternissen hingewandelt? Ihr wisset doch, was Gesellschaften, Bals, Redouten, Soupeen, Spieltische und dergleichen eitle Zeitvertreibe der üppigen Jugend seyen. In einer dergleichen munteren Zusammenkünften habe ich zu Mayland Augustinus und Melania gefunden.

Wer-

Werdet ihr mir geneigte Ohren gönnen, so will ich euch alles Haarklein erzehlen, was ich gesehen, was ich gehöret habe. Ich sehe schon, daß einige, die es noch nach diesen Freuden lüsteret, ihre vorwitzige Ohren spitzen, meinen Erzehlungen aufzumerken; aber mich dünket auch, andere murren schon gegen den Eingang meiner Fasten-Rede: Wir sind gekommen, werden sie denken, einen gesetzten Evangelischen Redner von der Kanzel zu hören, aber nicht mit Erzehlungen der Eitelkeit unterhalten zu werden. Ich lobe euere heilige oder vorwitzige Begierden, denn aus beiden Quellen können sie geflossen seyn; aber, ihr werdet doch die Red-Art keiner Eitelkeit oder Vermessenheit bestrafen, die ich von dem grösten Evangelischen Redner der Erden erlernet.

Die eingefleischte Weisheit, die gebohrne Beredsamkeit, das Wort des Himmlischen Vaters, der zum Heyl der Sünder auf Erden wandlende Sohn GOttes, wenn er die Laster wollte bestrafen, wenn er Sünder wollte bekehren, kleidete seine göttliche Reden in Parabeln, Gleichnissen und Geschichten ein, und vermengte sie mit den

heil-

heilsamsten Sitten= und andern Lehren. Er redete in Parabeln, sagt mein grosser Lehrer Augustinus, um entweder die getroffene nicht zu beschämen, oder ohne Beleidigung die Schuldige zu treffen. Das häßliche Laster, so ich an Augustino und Melania in meinen Erzehlungen strafe, können die gleich Schuldige unmöglich für einen Ruhm des ihrigen aufnehmen. Hören sie die gesunde Warnungen, die ich aus Schrift, Vätern und Vernunft sammle, und mit denen ich den irrenden Augustinum und die sträfliche Melania zur Bekehrung und Besserung ermuntere; können sie die Arzneyen verachten, da sie in dem nemlichen Spital krank liegen, und gleich tödliche Wunden fühlen?

Ich muste mich erst mit dieser Rechenschaft meiner dermaligen Red=Art gegen den Tadel verwahren. Nun will ich zur Erzehlung meiner Geschicht oder Parabel von Augustino und Melania vorschreiten.

Der ganze Innhalt sind die zwey Paulinische Worte, die Augustinus unter seinem Feigenbaum gelesen: Non in comessationibus et ebrietatibus. Augustinus, und alle, die mit ihme in gleichen

Sün=

Sünden schlafen, sollen nicht in Mahlzeiten und Trunkenheit, sondern in Mäsigkeit und Nüchternheit wandeln.

Göttliche Gnade! mächtige siegende Gnade! wirke mit diesen Paulinischen Worten durch die Ohren in meinen Zuhörern, was Du durch die Augen in Augustino gewirket hast. Ich flehe es für mich, und für die, so mich anhören.

P. I.

Also in dem Hauß seines Freundes habe ich Augustinum mit seiner Melania angetroffen. Denn ihr werdet euch noch aus den schönen Tages-Ordnungen Augustini erinnern, daß die Mahlzeiten und Lustbarkeiten mit Augustino von Freunden zu Freunden umgewandlet. In einem hellbeleuchteten, mit lauter frechen zur Ueppigkeit und Wollust reitzenden Gemählden, welche Venus und Diana Gesichter und Leiber, die Ehrbarkeit zu nennen verbiethet, behängten Saal, an einer runden Tafel habe ich sie in einer Gesellschaft gleich munterer Geister angetroffen. Melania, die Göttin des frechen Atheisten, hatte den

Vorſitz; in einer Krone von bunden Rei‐
hen (ihr wiſſet ſchon, daß in dieſer Reihe
nicht beyſammen ſitzet, was zuſammen ge‐
höret) ſaſe Alipius der Herzens‐Freund
Auguſtini ein Rechts‐Gelehrter, denn in
ſelbigen Zeiten ſchämete ſich der Edelmann
nicht, alle Wiſſenſchaften öffentlich zu ler‐
nen, und zu lehren, der junge Licentius,
den Romanianus einer der edelſten Hof‐
Herrn des Kayſers zu Rom als den Er‥en
ſeines mächtigen Hauſes der Lehre und
Zucht Auguſtini anvertrauet hatte; auch
Trygetius ein edler Ritter von Tagaſte,
der unter der Römiſchen Fahne dem Kay‐
ſer dienete; Evodius auch ein Officier
der Africaniſchen Legion; Nebridius
ein adelicher Jüngling, der den freyen Kün‐
ſten und der Weltweisheit oblage; dieſe
alle waren Auguſtino zu Liebe, ich irre,
ſeiner freyen und luſtigen Geſellſchaft zu
Liebe von dem weit entlegenen Africa nach
Europa geſchiffet, und Auguſtino nach
Mayland gefolget. Dieſe ſaſſen mit eini‐
gen Jünglingen von Mayland, vielleicht
waren es Brüder der in bunten Reihen
wechslenden Schönheiten; denn der Name
eines anweſenden Bruders kan mir die Ge‐
gen‐

genwart einer unter ſolcher Geſellſchaft gezogenen Schweſter beſchönen; an einer Tafel, die wechſelweis mit ausländiſchen Schüſſeln befrachtet wurde (denn ſchon in ſelbigen Zeiten wuſte der Geſchmack, daß die einheimiſchen Speiſſen zu unedel für einen ſtatlichen Magen; und daß nur jenes die verzogene Zunge reitze, was mit theuren Koſten aus dem Buſen des Meeres, und aus klippichten Wäldern unter der Gefahr des Lebens geraubet wird) keine Mayländiſche und welſche Weine, denn dieſe haben den leuchtenden Character des Haus-Wirthes verdunkelt; Weine, die auf den kochenden Sand-Gebürgen des Orients gewachſen, und die aus den umliegenden Inſuln nach Carthago, und von da nach Europa geſchiffet wurden, die füllten die verſchwenderiſchen Becher. In dieſem täglichen Aufwand wurden die reichen Einkünften Alipii, die zu Büchern dem Nebridio häufig überſchickte Gelder, die beträchtlichen Krieges-Solde des Trygetii und Evodii, das zur Standesmäſigen Erziehung des jungen Licentii von ſeinem Vater durch koſtbare Wechſel übermachte Gold, und die anſehnliche Summe des theuer bezahlten Lehr-Amts Augustini zur Hälfte verschleuderet. Ihr werdet bald hören, wohin die andere Hälfte verflogen.

Kaum waren die aufgeräumten Geister von den gewürzten und hochgetriebenen Speisen, und von den wechslenden Bechern in Gährung gebracht, so wurden die Zungen lebhaft, und das Gespräche feuerig. Anfangs entfielen der scherzhaften Gesellschaft nur zweydeutige Reden; sie verwandleten sich aber bald in ärgerliche Räzeln; die Freyheit der Aufgebenden entbande sehr bald die schamhafte Zungen zum Auflösen. Hier wurden freche Auslegungen, und schalkhafte Verwendungen auf die umsitzende in Gang gebracht. Jeder schärfete seinen Geist in der lächerlichen Entzifferung, und jede Döcke gebothe das Stillschweigen, um es mehrmal zu hören. Auf Räzeln folgten Geschichte, Geschichte, vor denen ich meine Ohren zugedrücket; doch entflogen meinen Augen nicht die viel bedeutende Minen, das laut redende Winken, das Fuß- und Hände drücken; und wurde fast jedes witzige Wort, und jeder gereichte Teller mit einem schmeichlerischen Hand-

❋ ❋ ❋

Hand=Kuß der Göttin belohnet. Kame es zu ernsthafteren Gesprächen, so wurden die Sitten der Bürger, die Mängel der Grossen, die Fehler der Bekannten, die Handlungen der Freunde ein Tändel=Markt der verläumderischen und stichlenden Zungen. Tadel und Untugenden wurden den Unschuldigen aufgebürdet; denn die Eifersucht des Weibes weiß auch in den schönen Sonnen, als sie sind, die schwärzesten Flecken auszuzeichnen. Wie alber kleidet sich die Cornelia! wie hochmütig ist die Flavia! Ist aber auch der Stoff der Julia bezahlt, indeme sie sich so brüstet? Doch, was halte ich euch mit dem albern Geschwätze der Splitter=Richterinnen auf? Ernsthafte, wichtigere Gespräche der Männer muß ich euch erzehlen.

Zu beweinen ist das verführte arme Völkgen, seufzete der mitleidige Alipius, daß es so kriechend um die Altäre kugelt, und hölzerne, steinerne und gemahlte Bilder anbettet, und von denen Hilf, Rath, Schutz und Wunder bettlet; die aus Wahnwitz für einen Gecreutzigten auf Scheiterhaufen sich verbrennen, oder in den Fluten des Meeres ersäuffen lassen. Dieses will ich

ich der Einfalt verzeihen, sagte der Nasenweise Licentius; aber, daß die Narren, die aus reichen Häusern stammen, Blut des alten Adels in ihren Adern tragen, alles verlassen, freywillige Bettler werden, und in den Klüften der Erden sich verkriechen, die Menschlichkeit ausziehen, Henker und Mörder ihrer Cörper werden, in der blinden Hoffnung, um einen eingebildeten Himmel, so dem Schlarafenland gleichen muß, alles hundertfach, und noch darzu Cronen zu erbeuten; das ist bejammernswürdig. Und, daß Ambrosius, setzte Augustinus darzu, ein sonst so Ehrwürdiger, so vernünftiger Greiß der einfältigen Sect der Catholischen anhängt; daß er an so nüchteren und mageren Tafeln schmachtet, daß er sich aller, auch der erlaubtesten Freuden entschlägt, daß er so Menschenfeindlich das andere Geschlecht hasset, und mit so strengen Runzeln der feuerigen Jugend ihre Scherze verhebt; das ‡ ‡ ‡ Hohl mich, fiel ihm mit einem Rittermäsigen Schwur Trygetius in die Rede; die Christen-Pfaffen sind Heuchler und Gleißner; gepfropfet und berauschet werfen sie sich in die Arme ihrer Beyschläferinnen, die

sie

sie unter dem Namen ihrer Schwestern und
Baasen beherbergen; sie schleichen, wie die
heilige Mandarins, unter der Decke der Eingezogenheit daher, um mit ihrem Glanz
der Tugend die Einfalt zu entzücken; sie
zeichnen sich für uns muntere Geister, wie
für die Gespenster mit Creutzen; und wenn
sie in ihren geschlossenen Mauren prassen,
könnten sie noch unsere Lehrer werden. Dieses ware Soldaten-mäsig von den Priestern
GOttes gesprochen. Evodius gabe auch
seinen Text darzu: Die Pfaffen wissen mit
ihren Seel-Messen die ersparten Pfenninge
aus dem Beutel zu zaubern; was schwätzen
die närrischen Leuthe Stunden-lang mit den
seufzenden Weibern in ihren Beicht-Stülen?
Die Vorwitzigen müssen alle Geheimnisse
auszuforschen wissen, weilen sie hernach ihre
arme Schafe auf ihren Predigt-Stülen
so zwagen, und sich mit ihrer armen Wolle
zu kleiden wissen. Das andächtige Frauenzimmer lachte unter seinen Fechern zusammen. Die Gesellschaft stunde von dem
Tische auf; die Speisen wurden abgetragen;
Sesseln auf die Seite geraumet, kleine
Tische zum Spielen zurecht gesetzet.

C 4 Ihr

Ihr werdet mich fragen, ob denn auch diese fromme Kinder nach Tische gebettet? Frey-Geister ihrem GOtt für seine Gaben danken, wie kan euch dieses einfallen? Ich erinnere mich, daß, da sie einmal dieser Pflicht eines Geschöpfes erinnert wurden, einer von der Gesellschaft zur Antwort gabe; die Hasen betteten auch nichts und könnten doch geschwind laufen; fürs beten wären die Mönche auf der Welt. Kurz: ich habe keinen beten gesehen; der eine hat sich mit der seinigen an das Fenster geleget; der andere hat seiner Nachbarinn was in das Ohr gelispelt; aus ihren Minen hab ich wahrgenommen, das es nichts heiliges ware. Ein anderer hat sich auf seinem Absatz umgetrilleret, und eine andere hat die Falten ihres Kleides zurecht geleget. Wenn nun das betten heist, so hat die ganze Gesellschaft gebettet. Sehen sie, A. A. so wurde bey dieser Mahlzeit GOtt verhönet, der Religion gespottet, die Priester entheiliget, und das Heiligthum von den Cynischen Hunden in dem Staub der Verachtung umgeschleuderet.

Einer von den Spieltischen machte mich aufmerksam: an selbem stunden drey Helden,
wie

wie leblose Statuen, beysammen; so ernst=
haft, so Hirnbrechend stunden sie da, als
musten sie den ganzen Lauf aller Planeten
durchrechnen; und auf einmal sehe ich, daß
Evodius seine ganze Geld=Börse von 600.
Zechinen auf einen einzigen Steinzug ver=
lohren. Erschrocken, blaß, wie ein ohn=
mächtiger, taumlete er zu Alipio, und borg=
te die seine; aber auch diese giengen in einem
Zug verlohren: Evodius wollte sich seines
Verlustes erholen; Trygetius muste auch
sein übriges Geld herleihen; auch dieses
rollte zum andern. Uhren, Kleinodien, und
so gar die Schnallen von den Schuhen
giengen verlohren, und Evodius stunde so
arm da, als ein Bettler. Du hast mich be=
trogen, du hast nicht ehrlich gespielet, rufte
der ergrimmte Soldat; das redet mir ein
anderer ∗ ∗ ∗ und hier blinkten schon die
gezogene Säbeln, sie rumpelten in einem
Huy die Treppe hinab, und zu der Haus=
thür hinaus: alles liefe an die Fenster, und
die Verwegene hielten die Lichter hinaus.
Alipius schluge einen hellen Lacher auf,
klatschte in die Hände; Meisterlich gestos=
sen, schrie er. Ich vermeinte, die Comœ-
die hätte sich mit einem Gelächter geendi=

C 5   get;

get; aber, sie schleppeten Evodium blaß, wie eine Leiche, in seinem Blut in das Zimmer. Der Thäter ware zu einer Kirchen geflohen. Dort lehneten sich ein Paar auf einen Stul, rungen die Hände, und flossen in Zähren; sie müssen Evodium geliebt haben. Da aber der Wund=Arzt betheuerte, die Wunde wäre nicht tödlich, wurden die Thränen in Lachen verwandelt, Evodius in ein Neben=Zimmer geführt, und wechselsweis von seinen Sirenen besuchet. Der Chor der Ton=Künstler stimmte die Saiten; verzeihet mir, wann ich verschweige, was für heilige Gesänger ich gehöret, die mit den Instrumenten gewechselt: Wenn Venus singt, und Apollo die Lauten schlägt, könnt ihr leicht den Ton und den Aufsatz errathen. Indessen trate Augustinus mit seiner Melania auf die Bühne, und eröfnete den Ball. Hier sahe man gleich, Hände in Hände geschlungen, und unter den frechesten Gebärden und Wechslungen wurden die Morgenländische Contre-Tänze bis zum Blick der Morgen=Röthe fortgeführet.

Augustinus, der abgetobte Augustinus begehrte Erfrischungen, und setzte sich

in

in einem Neben=Zimmer auf einen Pol=
ster, um auszuruhen. Ich machte mir die=
sen müden Augenblick zu Nutzen; freund=
schaftlich setzte ich mich neben Ihm, und
fienge meine Sitten=Predigt an.

A A. Haben sie mir so lang geneigte
Ohren gegönnet, die Erzehlung dieser
lustigen Gesellschaft anzuhören; wird es
ihnen mißfallen können, zu vernehmen, wie
ich mir Mühe gegeben, dem verkehrten Augustino zuzureden? Gewißlich nicht, es
wäre denn, daß Mit=Schuldige zitterten.

P. II.

Augustine, Augustine! ware mein
Eingang; wie lang wilst du auf dem
Rande der Höllen mit deiner Melania so
vermessen und freventlich tanzen? siehest du
nicht den aufgesperrten Abgrund vor deinen
Füssen? kan dich nicht ein einziger Fehl=
tritt, ein einziger Stoß von dem Rande
in diesen unaufschließlichen Kerker der ewi=
gen Flammen hinabstossen? Wie wenn dich
der mörderische Dolch, wie deinen Freund
Evodium, betroffen; wenn er dein in
Sünden ersoffenes Herz durchstossen hätte;

wäre

wäre nicht dieser fürchterliche Abgrund deine erste und auch ewige Einkehre gewesen? haft du nicht in deinem so lieben heidnischen Dichter gelesen: der Absturz in die Höllen ist augenblicklich, aber aus selber sich empor zu schwingen, kostet Ewigkeiten? so redet ein Heyd. Und was hat dich deine fromme, deine so kluge Mutter Monica in der Kindheit gelehret? was hast du in dem ersten Sendschreiben Pauli gelesen, denn ich weiß, daß du sie aus Zeitvertreib gelesen, weilen du seine Ausdrücke unter allen Apostolischen Schrift-Stellern für die erhabenste hälteft; wenn du diese Blätter nicht für Göttlich, wenn du sie nur für Sitten-Schriften ansiehest; hast du noch nicht in selben diese Worte gefunden: Sicut in die honeste ambulemus, non in commessationibus et ebrietatibus; lasset uns ehrbar, wie an dem Tage wandeln. Siehe, wie natürlich Paulus schreibet: lasset uns ehrbar, wie an dem Tage wandeln. Er saget ehrbar, nicht heilig. Stehet diese Ehrbarkeit nicht deinem Adelichen Geblüt, deiner erhabenen Vernunft, mit der du so stolz und geizig prahlest, deiner wohlgesitteten Jugend, deinem prächtigen Lehramt zu? Was

※ ※ ※

Was sind diese Abend-Mahlzeiten, diese nächtliche Gesellschaften? sind sie ehrbar, sind sie so eingerichtet, daß du sie an dem hellen Tage, in den Augen der erhabenen Welt wolltest gesehen wissen? O! wie fruchtbare Mütter der Sünden und Laster sind sie. Wie liederlich werden die kostbare, unaufhaltsame, unwiederrufliche Augenblicke deiner verblühenden Jugend verschwendet? Das ist wenig: wie mörderisch wird an diesen vollen Tafeln deine edle Gesundheit, die Kräften deines von der Natur so wohlgebauten Körpers zu Grund gerichtet? Alsdenn wirst du es fühlen, wenn dein abgenutzter Körper ein siechesSpital der Krankheiten seyn wird. Was ist Schuld, daß dein kochendes Blut in den verstopften und gepreßten Gefäsen dich so oft jämmerlich quälet, daß du weder gehen, noch sitzen kanst, wie du deinem vertrauten Nebridio geklaget? Dieses sind die zu einem siechen Leben zeitigende Früchte des Gewürzes der ausländischen Schüsseln, und des wilden Feuers der fremden Getränke. Doch, wenn du dieses für ehrbar, für vernünftig hältest, ein Henker deines Körpers zu seyn; hältest du es für ehrbar,

bar, für vernünftig, auch ein Mörder deiner Seele zu werden? Denn, wenn du dir schon alle Mühe gegeben, durch die Aftersätze der Manichæischen Schwärm-Geisterey, oder durch den rasenden Unglauben eines Deisten das Zukünftige und Ewige aus deiner Seele und Gedächtniß zu verbannen; so hast du doch bis diese Stunde die Stimme deines schuldigen Gewissens nicht ersticken; weder die Furcht des Todes, noch den Gedanken des erschröcklichen Gerichtes aus deinem bebenden Herzen vertilgen können. Gleichen deine Mahlzeiten nicht den wollüstigen Gastgelagen deines Nachbars des Königs der Babylonier? Sitzest du anders an der Seiten deiner üppigen Melania, und ihrer frechen Gespielinnen; als Balſafar in der bunten Reihe seiner Kebsweiber? Ist dir nicht das Geschrey von dem unglücklichen Lebens-Ende dieses Prassers aus Babylon bis in Africa zu deinen Ohren schon in der Kindheit gedrungen? Oder hast du es nicht in den Medischen Geschichten gelesen, wie ihm eine unsichtbare Hand das Urtheil des Todes an die Mauern geschrieben? waren es leere Drohungen? ist er nicht erblasset von seinem

nem Stuhl tod zur Erden gesunken? hat man nicht seine faulende Leiche aus dem Speiß-Saal in die Gruft geschleppet? Und, wo ist seine Seele hingekommen? wie ein Aas haben sie die Schaaren von teuflischen Gespenstern in den Abgrund gerissen. Wie, wenn diese nemliche Gerechtigkeit dir die Friste deines in Wolleben verrauchten Lebens über dein Haupt an die Mauern zeichnete? Es ist wahr, du hast nicht mit deinen Gästen aus den geheiligten Trink-Geschirren des Tempels, wie Ballasar, getrunken; aber du hast doch die geheiligte Geschirre, die Priester und das Heiligthum zu einem Gespötte und Gelächter deiner tollkühnen Gäste, und zu einem Raub ihrer Ehrenrührischen Zähne werden lassen? Oder, hast du für dich und deine Melania einen Frey-Brief, daß euch der unbescheidene Tod nicht ehender, als in eurem bereueten, gebeugten und Greissen-Alter überraschen darf? Die Geschicht kan dir nicht unbekannt seyn, weilen es eine Morgenländische ist; und, wenn du sie nur für eine Geschicht gelten lässest, so muß dich ihr Andenken zitteren machen, weilen deine Schuld nicht ungleich ist.

Augu-

※ ※ ※

Auguſtine! ſage mir, heiſt das, ehr=
bar? wie an Tage gewandelt, Romanianus,
dein treuer Freund, der beſte Vater, über=
giebt deinen Händen Licentium den gelieb=
ten Sohn; in der Vätterlichen Abſicht und
Hofnung, du werdeſt ihn in guten Sitten
und geſunden Lehren unterrichten, und zu
einem würdigen Erben ſeines Hauſes, und
zu einem nützlichen Bürger des Staates
bilden. Wie häufig ſind die Wohlthaten,
ſo aus dieſer Urſache aus ſeinen freygebigen
Händen dir zuflieſſen, wie koſtbar der an=
ſchwellende Aufwand, mit dem er ſeinen
Sohn in einem fremden Welt=Theil auf=
erziehen läßt? Heiſt das die Pflichten ſeines
Amtes erfüllen, wenn du an dem Morgen
Begriffe von guten Lehren, von Tugenden
in die zarte Seele deines Lehrlings einprä=
geſt, und an dem Abend in ſo laſterhaften
und üppigen Geſellſchaften durch ärgerliche
Beyſpiele das ganze Gebäude mit einer
Hand niederreiſſeſt, ſo du mit der anderen
frühe hatteſt aufgeführet? Eben, als wenn
es nicht Zeit genug wäre, daß Licentius
in ſeinen erwachſenen Jahren, wo er in
die Freyheit geſetzet, und dem wachenden
Aug ſeines Vaters und der Lehrer entzogen,

aus=

ausschweifend und boshaft werde, als wenn die feuerige Jugend noch Lehren und Beyspiele zu Sünden und Lastern bedärfe; als wenn du nicht wüßtest, daß sich der Geruch, so ein frisches Gefäs an sich gezogen, so bald nicht verliere, und das zarte Bäumgen, wenn sie noch in der Baum-Schul ausarten, zu Krüppelhaften und unnützen Mißgeburten aufwachsen. Romanianus wird aus deinen Händen die Seele, eine wohlgesittete und theuer bezahlte Seele fordern; und du lieferest ihm einen ausgearteten, einen üppigen, einen wollüstigen, einen verlohrnen Jüngling zurück, der eine Schand seines Hauses, eine unnütze Last des Staates, und ein Abentheuer der Untugenden geworden.

Augustine, Augustine! heist das ehrbar gewandelt, wenn man an seiner Tafel die Handlungen, die Mängel des Nächsten, die Fehltritte seines Bruders so ungestraft von bißigen und ehrenrührischen Zungen durchhechlen läßt? wenn man selbsten den Stoff zu so niederträchtigen und seinem Nächsten so nachtheiligen Reden und Urtheilen wählet, die Religion, die Priester zu einem Scherz und Gelächter des Muthwillens

lens macht? Sind das die guten Lehren, die du einem Alipio, einem Evodio, einem Nebridio, einem Trygetio, die aus Liebe, von deinem Munde Schätze der Weisheit zu sammlen, aus einem entlegenen Welt-Theil über das untreue Element des Meeres dir nachgefolget sind? Sind dieses die Lehren, die du ihnen einprägest, daß du die Blüthe des Africanischen Adels in eine Bande der Säuffer, der Spieler, der Tänzer, der Verthuer und mörderische Fechter verwandlest?

Trygetius muste seinen Namen haben nennen hören: Wie ein Pfeil kam er aus dem Saal zu mir und Augustino geschossen. Du kommst eben recht, Trygeti, sagte ich zu diesem verwegenen Jüngling, von Dir ist die Rede. Was für eine Freude kanst du an dem verderblichen Spielen finden? Hat auch das Welt-Aug eine thorrechtere Wollust, als das Spielen, bewunderet? Dort stundest du mit dem in seinem Blut gebadeten Evodio an dem Spiel-Tische des Mayländers wie eine leb- und sinnlose Statue; tiefsinnig, heishungerig, geldgierig, gewinnsüchtig hiengen eure Augen auf einen blinden Stein des betrü-

geri-

geriſchen Glückes geheftet; wie wahnwitzig
warfet ihr eure Steine in eueren unwiſſen-
den Händen umher; wie vergeblich ängſti-
get ihr euere ganze Denkungs- und Einbildungskraft auf einen ungewiſſen Stein,
den der Mayländer blind aus ſeinem Säckel zoge, als könnte euer ſtrenges Nach-
denken die Figur des Steines noch in der
Hand des Spielers in jene verwandlen, auf
welche Ihr tollkühn und auf gerathe wohl
die Hälfte eures Vermögens geſetzet? Iſt
das Sündigen nach euren After-Sätzen
den Sterblichen zu verzeihen; ſo vergebe
ich den anderen, wenn ſie einen Theil ihrer
Güter an anderen Wollüſten verſchwen-
den; Die Augen weiden ſich an Schönheiten; Die Ohren ergötzen die ſchmetternde
Stimmen, und das Süſſe der Saiten-
Spielen; Der Geſchmack labet ſich an
theueren Getränken und Säften, und die
gewürzte Speiſen können ihn ſchmackhaft
reitzen. Aber, ſage mir Trygeti, welcher
Sinn kan ſich an dem Spielen ergötzen?
Das Herz kochet von tauſend nagenden
Leidenſchaften, und die ganze Seele lieget,
wie auf einer Folter geſpannet; und warum? um einen augenblicklichen Verluſt

eines

eines halben und ganzen Vermögens, oder um den Gewinst eines anderen, der von dem untreuen Fall eines blinden, eines ungewissen Steines abhängt; und wenn du ihn gewonnen, um selben mit einer neuen Begierde verdoppelt zu verliehren. Denn, welchen Spieler hast du reich gesehen? wie gewonnen, so zerronnen. Du setzest also dein ganzes Vermögen auf, um in einem Augenblick ein unglücklicher Bettler zu werden. Wie zitterte Evodius, da der Mayländer den blinden Stein aus seinem durchworfenen Säckel zoge, auf den er schon dreymal 600. Zechinen gesetzet; ein Vermögen, so er zweyen Freunden aus ihrem Säckel geborget. Wie tödlich erschrocken und hautschaudernd erblasset nagte er an seinen Nägeln, da er die zweite verlohren? wie rasend und tobend verfluchte er die Steine? wie höllenmäsig verwünschte er in den Abgrund den Spieler und den Spiel-Tisch, der ihm die Einkünften eines ganzen Jahres verschlungen? wer sollte es glauben? der Zorn brennete noch aus seinen Augen, und die Flüche geiferten ihm noch an seinen Lefzen, da er die letzt geborgte Gelder auf den Tisch warfe, um sie wieder zu verlieren.

Und

Und was eueren rasenden Spiel-Geist noch sträflicher machet: Ich höre, der Mayländische Spieler ist verheyrathet, mit einer frommen und tugendhaften Frau vermählet; zahlreich ist seine Familie; und indessen, da der freche Spieler die Einkünften seines Hauses auf blinde Steine setzet; lieget die Bedrängte in Thränen, und bedauret mit nassen Augen ihre verarmte Waisen; denn, der ist kein Vater, sondern Mörder, seiner Kinder zu nennen, der ist kein Ehegatt, sondern ein Tyrann seines Weibes zu nennen, der lieb- und sorgenlos das Erb seiner Kinder, und das zugebrachte seiner Gemahlin mit einem blinden Wurf zum Fenster ausschleuderet. Man hat mir von diesem Mayländischen Spieler versichert, daß er über dreymalen seine Güter versetzet, und daß sein Silber- und Haus-Geräthe bis auf die Stoffe seines Weibes verpfändet; daß die unbezahlte Handwerks-Leute, und die hungerigen Taglöhner Tage lang vor seinen Thüren schmachten, und er Abwege suche, um ihre gerechte Klagen, und ihre dringende Schuld-Forderungen nicht zu hören. Und dieses heist ehrbar, wie an dem Tage, gewandlet? und dieses ver-

verderbliche Spiel, so der Ruin und Untergang so ansehnlicher Häuser ist, soll ein ehrbarer Zeitvertreib der wohlgesitteten Jugend seyn? Trygeti, du hast das traurige Ende des Spielers gesehen; wie? wenn dem unglücklichen Mayländer der von seinem Verlust erboßte Evodius den Stahl durch seine Seele gebohret; viele unerzogene Kinder, eine fromme Gemahlin hätte er in einen unverbesserlichen Untergang gestürzet.

Da ich so redete, drange auch der taumlende Alipius hinzu. Und du, Alipi! sagte ich zu ihme, konntest mit kaltem Blut deinen Evodium sich schlagen sehen? du konntest mit einem freudigen und gutheissenden Gelächter das Blut von seiner erblaßten Leiche fliessen sehen? Der Zweykampf, sagte der stammlende Alipius, ist eine Ritterliche That; mit Blut muß der Schimpf und die Verunbildung aus dem Kleid der Ehre eines wackeren Jünglings gewaschen werden. Was redest du, Alipi, erwiederte ich ihme? Und dieses ist eine ehrbare, eine Adeliche That, wegen welcher der Thäter in eine Kirchen entflohen, um mit dem Mantel des Heiligthums eine Verwegenheit zu decken, die eine ganze Stadt

an

an einem verwegenen Mörder verfluchet; nachdeme die Gerechtigkeit die Hände der Häscher ausstrecket; und die nach allen Gesetzen auf der Richtstatt mit wieder vergossenem Blut und einem schimpflichen Tod gerochen wird. Wenn der Zweykampf eine so löbliche, eine so Ritterliche That ist, warum scheuet der Mörder das Licht, warum wandlet er nicht frey unter den Augen der Menschen? Einbildungen sind es, Alipi, Griffe der Höllen, um Seelen zu rauben, wenn sie einem erhabenen und ehrbaren Gemüth so niederträchtige Handlungen eingeisten. Ist das ehrbar, wenn man seine Hände in Menschen-Blut wäschet, über welches mir kein Gesetze, auch jenes der Heyden und Barbaren nicht, ein Recht zugestehet? Heißt das den Flecken der Unbild aus dem Kleid der Ehren waschen, wenn man selbes mit dem unerlöschlichen Mackel eines Todschlages besudelt? Heißt das seiner beleidigten Ehre Genugthuung schaffen, wenn man sich eine Rechenschaft des Lebens bey den zeitlichen und ewigen Richterstülen auf den Hals ziehet? Und, wenn Evodius in seinen Sünden wäre auf dem Kampfplatz geblieben, eine Seele, die mit

mit so vieler Wolluſt an euerer Tafel, mit ſo vielen Ehrenrührungen unter euren Geſprächen, mit ſo vielen Fluchen und Schwören an dem Spieltiſche, mit einem ſo erhitzten Rachgeiſt auf dem Kampf-Platz beſudelt worden; wo wäre dieſe ſchwarze Seele hingefahren?

Ich redete noch mit Alipio, da die Melania in das Zimmer trate, treuflend vom Schweiß, glühend von Wolluſt, erſchlagen von dem langen Tanzen; und du Melania, redete ich ſie mit einem ernſthaften Blick an; und du üppige Tänzerin! du meineſt vielleicht auch, du habeſt anjetzo ehrbar, wie an dem Tage, gewandelt, da du in den Finſterniſſen der Höllen aus einem wollüſtigen Arm in den anderen getaumlet?

Dieſes iſt gewiß auch einer von den finſtern Pfaffen der Chriſten, ſagte Melania. Komme Auguſtine! laſſe den Geiſtlichen Schwätzer plaudern. Sie zoge Auguſtinum bey dem Arm von meiner Seiten, ſie ſchleppte ihn in ein Neben-Zimmer, die Thür wurde verſchloſſen. Und ich? Ich rufte Auguſtino nach: non in Cubilibus et impudicitiis. Und ſeufzete

zu

zu der Barmherzigkeit. Ach, A A. seuf=
zet, bettet für Augustino und Melania
mit mir: Miserere mei Deus.

Dritte Fasten=Rede.
Vorspruch.

Non in cubilibus et impudicitiis. Rom. XIII. 13.
Nicht in Schlafkammern und Unzucht.

Und meine Sitten=Predigten haben noch
nichts in Augustino, Melania und
seiner muntern Gesellschaft gefruch=
tet? ja, A A. ich schmeichle mir mit einer
kleinen Wirkung; Denn ich habe Augustinum seufzen gehöret, ich hab ihn weinen
gesehen.

Kaum hatte der angebrochene Tag den
schwarzen Schleyer der Nacht von der
Schlafkammer, in welcher sich Augustinus mit seiner Melania verschlossen hatte,
zurück gezogen, so risse er sich aus den mit
ihm noch ungebundenen Armen los, und
setzte sich an sein Studier=Pult; denn
er muste noch selbigen Tag vor dem zu May=
land

land anwesenden Kayser Valentiniano, und dem Römischen Bürgermeister Bauto eine Ehren=Rede halten. Aufgemutzet wie ein Halb=Gott der Heyden in einem prächtigen Zug seiner zahlreichen Freunde und Schüler tratte er vor den Thron, und redete, wie ein mächtiger Cicero.

Gelobt, bewundert und Kayserlich beschenket kehrte er nach Hauß zurück. Die muntere Jünglinge stiessen in dem Rückweg auf einen betrunkenen Bettler, der mit seinem Bettelstab von einer Schaar der muthwilligen Buben begleitet, von einem Winkel der Strasse in den andern taumlete, und so freudig, wie ein König der Sterblichen, jauchzete. Voll der Verwunderung redete ihn Augustinus an: Wie ist es möglich, sagte er zu dem Bettler, daß du in dem Abgrund deines Elendes nur lachen, ich will nicht sagen, so jauchzen darfst? Herr, antwortete der Bettler, ihr müßt noch keinen Begriff von der menschlichen Glückseligkeit haben, daß ihr mich einen Elenden scheltet. Noch lang nicht tausche ich meine staubigte Lumpen mit euren schwer verbrämten seidenen Kleidern. Wie so, fragte Augustinus? ich, erwiderte te der Bettler, ich bin ein Monarch, und ihr ſeyd Sclaven der Welt. Der Landmann bauet mein Brod; die Höfe der Groſſen kochen meine Speiſen; aus den Säckeln der Reichen ziehe ich meine Einkünften, mit denen ich mich luſtig mache, wie ihr ſehet; Die Gärten der Fürſten ſind meine Spaziergänge; groſſe Städte meine Herberge, ſchattigte Fluren meine Liegerſtatt, der beſternte Himmel meine Decke. Sorgenfrey lege ich mich nieder, und ungekränkt ſtehe ich wiederum auf: Und ich ſoll nicht fröhlich und luſtig ſeyn, da ich ruhiger und glückſeliger, als Fürſten und Könige, lebe?

Seufzend wendete ſich Auguſtinus zu ſeinen ihn begleitenden Freunden Alipio, Nebridio, Evodio, Trygetio, Licentio und den übrigen, und rufte auf: Freunde! was iſt dieſes? dieſer Bettler hat den Himmel auf Erden, unſere ſo lang geſehnte und geſuchte Glückſeligkeit mit ſeinen erbettelten Hellern erkaufet, die wir mit ſo verſchwenderiſchen Aufwand unſeres Vermögens, mit ſo marternden Sorgen, mit ſo kummervollen Bemühungen, mit ſo langen und bangen Umirrungen bis dieſe Stunde noch nicht erringen können, und vielleicht

nie-

niemalen erringen werden. Wir sind die Elenden, der Bettler ist der Glückselige. Hier sahe ich eine Thräne von den Wangen Augustini rollen. O! daß es eine Bußthräne wäre!

Aber, wie kan ich diese Zähre für eine Bußthräne halten, da Augustinus sich wiederum in die glückwünschende Arme seiner Melania wirft, da sich die gestrige Gesellschaft wiederum in bunden Reihen an die wollüstige Tafel setzet, da sie sich so frech und ausgelassen, ja, heut frecher und üppiger, als gestern, aufführet?

A A. Sie werden begierig seyn, zu vernehmen, wie Augustinus und seine Gesellschaft noch frecher und üppiger, als ihr sie das letztemal in meiner Parabel gesehen, sich aufführen können. Wenn ich mit meinen Erzehlungen eure keusche Ohren nicht beleidige, wenn ich die Ehrbarkeit nicht verletze, so will ich euch erzehlen, was für Meisterstücke der Boßheit ich gehöret. Doch, die Pflichten eines Redners forderen, das Laster der Tugend entgegen zu setzen, und erst den sündigenden, hernach den bekehrten Augustinum aufzuführen, damit ich den mächtigen Sieg der Gnade über des in

Wol-

Wolluſt ſchlafende und berauſcht-ſchlafende Herz Auguſtini zu unſerem Beyſpiel und Nachfolge in Ordnung ſchildere.

Ihr werdet mir geneigte Ohren gönnen; Du aber, o mächtige Gnade! wirſt die Pauliniſche Warnungen: Laſſet uns ehrbar, wie an dem Tage, nicht in Schlaf-kammern und Unzucht wandeln, auf meiner Zunge ſo kräftig machen, daß ſie ſo vieles, als in den Herzen Auguſtini und Melaniæ, wirken. Meine Abſichten ſind heilig, Evangeliſch, wenn ſchon meine Ausdrücke minder, als heilig, ſcheinen ſollten. Vernehmet ſie.

P. I.

Dort ſaſſe Melania; verzeihet mir, wenn ich zu meinem Vorhaben die Wolluſt ſchildere; frech, buhleriſch, reizend ſaſſe ſie da, wie der unbehutſame Pemſel des Mahlers die Juno zur Seiten des Jupiters ſetzet. Ein Frühling der Blumen lachte von ihrem Haupt, mit Kleinodien durchflochten, wie die Blumen in den Mayen-Tagen mit vielfärbigen Tau-Tropfen beſpritzet ſind, um immerfort die Augen ihres Auguſtini zu bezaubeten; die gepuderten Haare waren

in

in Ringe und Ketten geflochten, und mit prächtigen Bändern durchwunden, um das gefangene Herz Augustini in unauflöslichen Fesseln zu halten, und täglich enger zu verstricken; auf dem glatten Spiegel der frechen Stirn brüstete sich die Unverschämtheit, und belebte alle Umsitzende mit gleicher Ungezogenheit; aus den schmachtenden Augen funklete ein Feuer, so dem wollüstigen Augustino bis in das Inngeweid brennete, und den ganzen Zunder der Geilheit in loderende Flammen aufwehete: Auf den mit Venus Milch aus Gläsern, mit Purpur-Schminke aus Schachteln gemischten Wangen lacheten Rosen mit Lilien gemengt, und die verlohren angebrachte Schön-Pflästergen musten, wie der schwarze Schatten, die Farben erhöhen, um die Augen zu entzücken; die blutroth angestrichene Lippen luden zu verwegenen Küssen ein, die jetzt ein sanfter Seufzer, jetzt ein viel schwätzendes Ach, jetzt ein viel bedeutendes Caro mio bewegten. Den mit Milch gewaschenen Hals umschlungen Perlen-Schnüre auf bunden Bändern genähet, um die Zärte der Haut zu erhöhen; sie verlohren sich über den unbedeckten Busen,

sen, welcher Wolluſt ſpielete, oder der nur mit durchſichtigen Gewebe bedecket die verführte Augen aufmerkſamer reitzete; dort an der eng geſchnürten Bruſt, um die ſchlanke Bildung des Körpers zu erheben; dort wurden ſie mit einem geſchlungenen Knoten an einem angeheften Blumen-Straus angebunden, um Herz auf Herz zu binden. Die mit reichen Armbändern umkrönte Hände zauberten mit Fechern durch die wollüſtige Seelen, um die Herzen in Sclaven-Feſſeln zu dem wohlgebauten Fus unaufſtehlich nieder zu beugen.

An dieſem Bau der Eitelkeit und Wolluſt waren köſtliche Stunden an dem Nachttiſche bey dem verrätheriſchen Spiegel, und unter den Händen der beſchäftigten Kammer-Docken verſchwendet. Wundert ihr, wenn dieſe Bilder der Eitelkeit, denn die übrige Geſellinnen waren nicht ehrbarer gekleidet; was ſage ich, ehrbarer? ihr wiſſet, zu was die Eiferſucht der Mode das andere Geſchlecht verleitet? Um die Wette waren die Angeſichter geſchminket, und die Körper entblöſet, um einander die Anbeter zu ſtehlen; wundert ihr, ſage ich, wenn dieſe Bilder der Wolluſt die ſchlüpferige

ferige Jugend in Flammen gesetzet, und der ungezogenen Gesellschaft die Zunge gelöset? Sie haben sie aufgelöset, und unter so ärgerlichen Ausdrücken haben sie ihre Boßheiten erzehlet, daß selbe zu gedenken, minder zu erzehlen, die Ehrbarkeit nicht gestattet. Wie der Krieges-Held, der auf blutigen Schlacht-Feldern Palmen geerndet, und reiche Beuten den Feinden abgejaget, seine Heldenthaten mit prahlerischen Ruhm zergliederet, und von den Zuhörern Verwunderung, Lob und Hochschätzung forderet; so haben diese Söhne der Finsternissen sich ihrer Höllenthaten gerühmet; sie haben die verwelkten Kränze der Unschuld, die abgedorrte Reiser der verführten Tugend, als Sieges-Zeichen in dem Triumph der Boßheit umhergezogen; und unter klatschenden Händen wurden die verwegene Streiche bewundert und belohnet, mit denen sie als so vielen tollkühnen Siegen die entwichene Nacht entheiliget.

Wo bist du gestern hingekommen, ergienge die Frage an Alipium (Vergeben sie, AA. wenn ich diese Schaubühne der verdammten Wollust entwerfe; ich werde niemal den Vorhang der Ehrbarkeit, den

diese

dieſe Wolluſtlinge ſo ärgerlich zerreiſſen, von ihren Erzehlungen entfernen.) Ich, ſagte Alipius, hab meine Göttin nach Hauß begleitet; Ich ware Kammerdiener und Kammer-Jungfer. Die durch die geſchloſſene Fenſterläden hell einbrechende Sonne erinnerte mich erſt, daß ich noch nichts geſchlafen hatte.

Und du, tapferer Kriegs-Mann Evodi, wo biſt du hingerathen? Ich ware beſtellet, antwortete er, an eine ungangbare Thür des Hauſes ware ich beſtellet; ich klopfte leis, ich ſeufzete, ich räuſperte; lang, ſehr lang muſte ich warten, bis ſich die Thür öffnete; ich hatte ſchon den Dolch in der Hand, ſelben der untreuen in ihre ſchwarze Bruſt zu ſtoſſen; aber ihr reizender Anblick entwaffnete mich, wir wurden die alten gute Freunde.

Und du Krieges-Held Trygeti, was für einen Sieg haſt du erfochten? Mir iſt es unglücklich ergangen: Ich muſte erſt durch den heiligſten Eidſchwur, der Stolzen meine Hand ehelich zu reichen, ihr ſteinernes Herz erweichen. Und den Schwur wirſt du halten, fragte der ſcherzende Evodius? Iſt man denn auch verbunden, einen

E

nen Schwur im Dunklen, einen Schwur der berauschten Liebe zu halten? Das können die Scrupulanten thun, für die Soldaten nützen die Scrupel nichts.

Und du, Nebridi, wo bist du umgefahren? Ich bin nach Hause gegangen, die dienstbare Tochter meines Wirthes hat mich an der Thüre empfangen; Sie wird doch nicht allein so lang an der Thüre auf mich gewartet haben: Sie hat mich in mein Schlafzimmer begleitet; ein duzend Zechinen hat sie in selbem noch Wart-Geld empfangen; sie hätte um ein anderes Duzend noch länger bey mir gewachet, wenn die Sonne uns nicht geschieden hätte.

Und du, Licenti, wo hast du dein Glück gemachet? (Die Reihe kame an diesen Jüngling) Ich, sagte er, ich muste eine halbe Stunde lang loben, eine halbe Stunde lang auf den Knien liegen, ich muste seufzen, ich muste Thränen vergiessen, ich muste versprechen, ich muste Gold glänzen lassen, bis ich eine Gefälligkeit von dem schamhaften und spröden Mägdgen errungen. Licentius wurde als ein dummer verlachet, und als ein zaghafter verhönet.

Und

Und du, Mayländer! Mir ware es gelungen: der Herr ware verreiset, die Frau erwartete meiner, und ich wurde, wie der Herr im Hause, respectiret. Der Mann hat den Strohe-wittwer-Dienst mit Hörnern bezahlet. Mit einem lauten Gelächter krönte er diese Bekenntniß seines Ehebruches.

Pfuy, sagte Augustinus, diese Ausschweifungen hasse ich. Denn Augustinus ware nicht so boßhaft, wie seine lüderliche Gesellen; Er ware noch mit dem Gift des Manes angestecket; Er sahe den Ehestand für ein ungeheiligtes Band an; doch wollte er auch nicht, wie diese wilde Bienen, von einer Blume zur andern schwärmen, das Jungfräuliche Kleinod zu verunehren. Er hatte sich in Africa Melaniam zu einer Beyschläferin gewählet; er belohnte ihre wollüstige Bemühung mit einer Treue, die der Ehelichen nicht ungleich; und mangelte beyder Willen nichts, als das unauflösliche Band, so Augustinus für unüberträglich hielte, weilen er die Wollust für einen von der Natur gebilligten Zeitvertreib der feuerigen Jugend achtete. Irrige Begriffe, die Augustinum in seinen Ketzer-Banden be-

betrübet hätten. Doch weit niederträchtigere Begriffe hatten seine Schüler. Sie setzten ihren Ruhm in deme, von einem Gegenstand zu dem anderen berauschet, und brennend von Geilheit, um zu taumlen, wie ihr erst gehöret. Das waren Siegesthaten, wenn sie eine Unschuld verführten, wenn sie eine Standhafte mit falschen Schwüren und Verheissungen überwunden, wenn sie eine gesetzte Tugend mit lügnerischen Thränen schwächeten. Kein Ort ware zu heilig, wo sie nicht ihre Garne ausstreueten; Denn auch in die Christen-Tempel flogen diese Räuber, um einfältige Tauben zu fangen. Sie meinten, der Sieg seye so glorwürdiger, wenn sie eine lang widerstandene Tugend gefället. Sie wusten vor den wachsamen Augen der Eltern ihre teuflische Absichten, wie Kinder des Lichtes, unter der Masque der Eingezogenheit und Ehrbarkeit zu verstecken, um einen freyen Zugang des Hauses sich aufzuschliessen, und durch den Fall der betrogenen Tochter die Eltern in grössere Verzweiflung zu stürzen; und diese Ränke wurden für Meister-Stücke und Helden-Streiche bewundert, und belobet. Die unglückliche, die untröstlich-

wei-

※ ※ ※.

weinende Tochter wurde hernach als eine errungene Beute in ihren Gesellschaften, wie in einem Triumph umgeführet, und ihr Elend als eine Strafe ihrer Einfalt belachet. Die geheiligte Ehe-Better waren für diese Geier nicht sicher, Geier, die dem verletzten Ehegatten das für die geraubte Ehre seines Weibes blutende Herz durchfraßen, und noch seine Verunehrung und Beschimpfung als Siegeszeichen ihrer grossen Thaten mit Hohn und Gelächter umhertrugen. Ja so tollkühne waren sie, ihre vermessene Schwerdter zu wetzen, um die Klagen der gerechten Eifersucht des gekränkten Ehe-Manns in seinem Blut zu ersticken, und die geraubte Ehre noch mit dem Blut einer Mordthat zu beflecken. O, AA! hättet ihr die boßhafte Ausdrücke ihrer frechen Erzehlungen und ihres unverschämten Ruhms gehöret, oder erlaubte es mir der geheiligte Ort, diese Sprache der Wollust nachzureden; ich weiß, ein kalter Schauer würde eure Adern durchfahren, und ein gerechter Abscheu würde eure Seelen für das Laster der Wollust entsetzen.

Ihr werdet fragen, was hast du dann gethan, da du solche Greuel und Abentheuer
der

der Boßheit gehöret? Ach! oft, sehr oft habe ich meine Ohren zugedrücket; häufige, beständige Thränen flossen von den Augen; Der gerechte Schmerz bande die Zunge, stumm schluchzete und seufzete ich noch, da eine ansehnliche Matron (Die tiefeste Betrübniß ware auf ihrem Angesicht verbreitet, und man sahe die Furchen der Zähren auf ihren abgekümmerten Wangen) mit einem jungen Ritter in den Saal trat. So, wie ein wahres oder eingebildetes Gespenst eine in der Wollust ersoffene, und in einer rasenden Lustbarkeit jauchzende Gesellschaft in leblose Bild-Säulen verwandelt; so sinnlos und betäubet saßen Augustinus, Melania und alle Africanische Jünglinge auf den Anblick dieser ehrwürdigen Mutter da; denn es ware Monica, die ihrem Sohn von Africa bis nach Europa, von Carthago bis nach Rom, von Rom bis nach Mayland nachfolgete. Bedrängte Mutter Augustini! und sein wohlgerathener Bruder Navigius ware der begleitende Ritter. Die Zunge klebete Augustino an dem Gaumen, das sindliche Blut drange zu dem Herzen, und einer Leichen nicht ungleich blassete das Angesicht;

die

✳ ✳ ✳

die Ehrfurcht gegen seine fromme und treue Mutter, das schuldige Gewissen, weilen er die Beste der Mütter betrogen, kämpften in seiner Kindlichen Seele; und alle Mitschuldige zitterten, als wäre ihnen das Blut abgelassen. Was nicht ein böses Gewissen kan! O! wenn doch der Vater in unseren Zeiten nicht aus Africa nach Europa segelte; Nein, nur seinem verdächtigen Sohn von einem Zimmer, von einem Hause in das andere nachfolgete; O! wenn eine fromme Mutter nicht von Rom nach Mayland; Nein, nur von ihrem Schlafgemach bis an der Thüre des Hauses, oder an das Fenster der dunklen Kammer ihrer Tochter nachschlieche; würden ihre buhlerische Kinder minder betretten, minder verwirret da stehen?

Monica die heilige Mutter ware die erste, so ihren Mund, und den umsitzenden die betäubte Ohren öffnete; Bäche von Thränen bestärketen die mächtige Mütterliche Stimme. Und du, mein Geliebter, mein mit einem Meer der bitteren Thränen beweinter Sohn Augustine! Und du darfst deiner Mutter sagen, du wollest nur deinen Freund an das Ufer begleiten; und

E 4 darfst

darfſt ſie Nächte lang an dem Ufer auf ihren Knien für dich betend liegen laſſen, und ſo betrügeriſch über die untreue Fluten des Meers ſegeln? Ware dieſe Melania dein Freund, den du zu dem Ufer, den du bis Rom, und von Rom nach Mayland muſteſt begleiten? O mein Sohn! wie oft haſt du dieſes treue Herz deiner Mutter mit einem Kindermörderiſchen Dolche durchſtoſſen? O wie viele Ströhme der Zähren haſt du aus dieſen von Weinen er-trockneten Augen gepreſſet? Sind dieſes die Werke der Lehren, die ich deiner zarten Seele in der Kindheit eingepräget? Iſt dieſes der Lohn der Schlafloſen Nächte, die ich zu deiner Erziehung verwendet? Iſt dieſes die Erfüllung ſo heiliger Verheiſſungen, die du den heiſſen Thränen deiner Mutter gabeſt? In den Armen einer niederträchtigen Beyſchläferin aus deinem Vaterland entfliehen, Schaaren von Söhnen aus dem Schoos ihrer Eltern entreiſſen, und ſie durch ein ſo ärgerliches Beyſpiel auf der ſchändlichen Bahn der Laſter, der Wolluſt, der Ueppigkeit mit dich dahin in ein zeitliches und ewiges Verderben, wie einen anwachſenden Schnee-Ballen zu wel-

zen?

zen? O Auguſtine! O mein geliebter Sohn! Ich verlange von dir nichts, als, daß du Chriſtlich, als daß du ehrbar, als, daß du tugenhaft vor den Augen der Welt wandleſt. Fordere ich zu vieles von dir? forderet nicht dieſes der Adel deines Blutes, die Gaben deines freygebigen GOttes? und kan es nicht fordern deine dich ſo liebende Mutter? fordert es nicht der Wohlſtand deines Amtes, und eines rechtſchaffenen Bürgers dieſer Welt? Auguſtinus bebete; denn ſein ſchuldiges Gewiſſen machte ihn unentſchloſſen.

Und du, Melania! ſagte die fromme und ehrwürdige Monica zu dem verſteinerten Weib: Und du entehreſt ſo niederträchtig dein Geſchlecht? ein Geſchlecht, dem Scham, Eingezogenheit und Ehrbarkeit ſollte eigen ſeyn? Und du, wie eine lüderliche Metze, wie ein gemeines Weib, wie eine unverſchämte Phryne hälteſt meinen Auguſtinum in deinen wollüſtigen Armen zurück, und bezaubereſt durch deine freche Schmeicheleien eine Vernunft, die zu höheren Begriffen erſchaffen? O Weib! wie kriechend haſt du um einen dich ewig erniedrigenden Beyſchlaf das Kleinod deiner

Jungfrauschaft verschleuderet! welcher unerlöschliche Schandflecken hat diese verbottene Frucht (hier deutete sie auf Adeodatum; denn dieser sasse auch schon an der Tafel, damit er von der Kindheit an der Wollust gewohne) dem Glanz deiner Familie, und der Ehre deines Hauses eingedrücket? Wie lüderlich hast du die Zierde unseres Geschlechts, die so schöne Tugend der Keuschheit um verbottene Früchte der zügellosen Liebe vertauschet!

Augustine! zerreisse die Zauber-Bande des ärgerlichen und unehrbaren Beyschlafes; mit den geheiligten Banden der Ehe, wenn du dich fürchtest, die Tugend mit Ausschweifungen zu entheiligen, vertausche sie. Siehe, deine sorgfältige Mutter hat für dich gesorget; Sie hat dir eine Tugend, eine Krone von Frauenzimmern ausgewählet, ein Kind, in welchem Schönheit, Vernunft und Tugend um die Wette streiten; eine Tochter, die nur allein eines Augustini würdig ist; ein geheiligtes Band heilige deine Liebe, mein Sohn. Navigius fiele seinem erstarrten Bruder um den Hals. Ja, Bruder, sagte er zu Augustino, diese ist dir bestimmet; eine Tochter,
die

❊ ❊ ❊

die deinem Hause Ehre, deinem Blut Zierde, deinem Leben Segen, und uns allen Freude gebähren wird. Wie von einem Schlaf erwecket sprange Augustinus auf; er küssete die Hand seiner Mutter, er umarmte seinen Bruder Navigium, einige schleichende Zähren sanken von seinen niedergeschlagenen Augen. Nur bis Morgen, nur bis sie ausgeruhet, beste der Mutter, lassen sie meinen verwirrten Geist sich sammlen, seufzete Augustinus.

P. II.

Indessen wendete sich der tugendhafte Navigius zu seinen Landes-Leuthen. Und ist diese Schau-Bühne der Wollust, theuere Brüder, redete er sie an, die hohe Schule, auf welche ihr, die Wissenschaften zu erlernen, von Africa nach Europa geschiffet? Diese übertünchte Schönheiten, die bey euch sitzen, sind eure Bücher? Diese von Wollust strömende Tische sind euere Studier-Pulten? = = Schweige, schweige Navigi, fiele ich dem edlen Jüngling in die Rede; denn ich hatte mich von meinem Erstaunen erholet; Schweige; Ich habe die nächtliche Helden-Thaten dieser Jünglinge

linge erst gehöret: Lasse mich etliche Worte in ihre Ohren reden; und sie werden dir zu einem Abriß ihrer gelehrten Beschäftigungen dienen.

Jünglinge! Ihr wisset, daß ich von euerer Vernunft, von euerem Stand, von euerer Erziehung mit eingestandenen Rechten fordern kan, daß ihr ehrbar, wie an dem Tage, wandlen sollet, weilen die Ehrbarkeit und Ehrlichkeit die Richtschnur der Sitten, der Handlungen, der Vernunftschlüssen, aller Freyheiten seyn soll; denn so forderen, so rühmen, so prahlen sie sich. Und, wenn ihr in Schlafkammern und Unzucht euere Ehre, euren guten Namen, euere Güter, euere Gesundheit, eueren Verstand, die Kräften des Geistes und des Leibes in den Armen lüderlicher Metzen so thorrecht verschwendet; heist das vernünftig, heist das ehrbar, wie an dem Tage, wandeln? Lasset eure gerühmte Thaten bey dem Licht der Vernunft untersuchen; lasset sie auf dem Probstein der Ehrbarkeit prüfen.

Alipi! Heist das ehrbar gehandelt? Ehrbar, wie an dem Tage? da du unter der Decke der dunklen Nacht deine Göttin

an

an ihr Haus begleitet? warum hat sie so still die Thüre aufgeschlossen? warum seyd ihr mit so stillen und leisen Schritten zu ihrer Kammer gekrochen, wenn euer Auftritt ehrbar ware? Du sagst, du habest aus Höflichkeit die Stelle des Kammer-Dieners, und der Kammer-Magd vertretten.

Rechtschaffen verantwortet. Ware deine Begleitung blose Höflichkeit, warum durften deinen nächtlichen Besuch weder Diener, noch Kammer-Magd sehen? heist das ehrbar, wie an dem Tage, gewandelt, wenn man zum Schleyer seines Besuches und seiner Begleitung die Nacht suchet? Heist das vernünftig handeln, sich bis zur Knechtschaft eines Dieners, bis zur weibischen Arbeit einer Kammer-Magd an einem Nacht-Tische erniedrigen? O Alipi! wo ist die Ehrbarkeit, so von dir die Tugend forderet, dein Blut erheischet, dein Prahlen in andern Gesellschaften rühmet? dort in dem entkleideten Busen ist sie gescheitert. Wenn deine Begleitung ehrbar ist, warum scheuest du das Aug des Nachbars? warum die Gegenwart der Bedienten? warum eilest du aus dem Hause, da die Sonne durch die Fenster-Läden bricht?

warum

warum siehest du dich so furchtsam um, ob dich jemand sehe, wenn dein Ausgang an dem Tage ehrbar? Gestehe es, beschämet gestehe es; dein Aufführen ware unvernünftig, unehrbar ware es. Evodi! heist das ehrbar gewandelt? Du bist bestellet; von dem andern Geschlecht bestellet. Sind die Absichten dieser Bestellung ehrbar, warum in der Nacht? warum in einer ungangbaren Gasse? warum an einer abgelegenen Thüre? warum nicht an der ächten Thüre des Hauses? Kinder, die recht thuen, scheuen das Tages-Licht nicht. Die Ehrbarkeit hasset die verdächtigen Winkel; und nur Diebe, Diebe der Ehren, Räuber der Tugend gehen und brechen zur unrechten Haus-Thür ein. Heist das vernünftig gehandelt, Stunden lang, wie ein Dieb, um die Thür des Hauses kriechen, für den Augen der vorübergehenden sich in die häßlichen Winkel verstecken? Um die Gunst, um die sündige Gunst eines Weibes an den Thüren seufzen? wie ein wahnwitziger reuspern und hoffen? Heist das vernünftig gehandlet, wegen eines untreuen Weibs (denn welches Weib ist treu, so aus Begierde der Wollust einen Jüngling an seine

Thür

Thür bestellet?) zörnen, Rache kochen, den Dolchen ziehen, Mord und Tod schwören, und hernach wegen einem einzigen ausgestreckten frechen Arm, wegen einer einzigen falschen Thräne, wegen einem geilen und viehisch entblößten Busen, wie ein elender Sclav zu Füssen fallen, um Verzeihung bitten; und mit einer Wollust, die von vernünftigen der Kleye der Schweine verglichen wird, die edle Gerechtsame der Freundschaft entheiligen? Niederträchtiger Evodi, den eine kochende, eine augenblickliche Leidenschaft zu einem Sclaven verdemütigen kan.

Und du, Trygeti, du hast ehrbar, du hast vernünftig gewandelt; gelt, ehrbar, wie an dem Tage? gelt, vernünftig, wie ein Engel? durch einen Schwur mustest du eine steinerne Tugend erweichen? Weinet ihr Engel, weinet ihr Tugenden der Ehrbarkeit und Eingezogenheit! Ihr seyd nicht mehr sicher, wenn ihr auf Felsen stündet. Thränen, falsche Thränen der Boßheit suchen euch zu erweichen; Eidschwüre, geheiligte Eidschwüre suchen euch wankend zu machen. Sehet, so vieles ist den Freygeistern, den Wollüstlingen an einem

einem Eidschwur gelegen, wenn sie euch die Ehre rauben, und euch aus der Gesellschaft der Menschen zu ewigen Thränen, und zur ewigen Schand verbannen können. So viel achten sie euere Thränen, so viel eueren Kummer, wenn sie euch den Kranz der Ehren geraubet, daß sie mit ihren Eidschwüren scherzen, und mit euerem Unglück sich brüsten; und ihr seyd so leichtsinnig, so leichtglaubig, daß ihr um einen falschen Schwur euer unverbesserliches Unglück erkauffet? Trygeti! heist das ehrbar gehandelt, eine Unschuld durch falsche Zeugniß deines GOttes, der dich finden und rächen wird in jener Stunde, wo du nicht gebenkest, um den Kranz ihrer Ehre zu bringen? Heist das ehrbar gehandelt, das Band der Ehe zu versprechen, und unter diesem heiligen Vorwand eine Tugendhafte ewig unglücklich zu machen, ihr Haus zu beschimpfen, und einen ewigen Fluch deines Namens bis zur Asche deines Grabes dir aufzulegen? Heist das vernünftig gehandelt, sein Wort, sein Adeliches Wort aus dem niederträchtigen Vorwand zu brechen, weilen du es in dem Dunkeln, weilen du es in dem Rausch einer viehischen Liebe

gege-

gegeben? Pfuy! schäme dich Trygeti! du hast keine Ehre in deinem Leib; Vernunftloser, als ein Kind, hast du gesprochen. Und, weil du glaubest? und Trygeti, du betrügest? ist denn beydes Geschlecht ohne Vernunft, ohne Ehrbarkeit? Ach! lasset mich diese Thränen abbröcknen. ⸺

Und Nebridius, ein so erhabner Jüngling, ein Jüngling, der nur Tugend und Weisheit liebet, bezahlet eine Stündige Wollust um Einkünften eines ganzen Jahres! du hättest sie nicht besser verwenden können. Eine Scham, eine Reue von einem ganzen Leben hast du mit den Einkünften eines Jahres um einen Tropfen Honig eingekaufet. Ein edler Gebrauch deiner Vernunft! du willst ein Bettler werden, um einen Augenblick ein reicher Verschwender zu scheinen; und um was? um den Verlust der Ehre. Das heist ehrbar gewandelt. Ehrbar, da du deinen Hauswirth mit der geschwächten Ehre seiner Tochter bezahlest. Sie hat dich erwartet; sage es ihr, sie seye so ehrbar, wie du, weilen sie ihre Ehre feil trägt; und sie seye so vernünftig, wie du, weilen sie um Geld ihre Ehre ver-

verschleuderet, die sie mit Thränen ihres ganzen Lebens nicht ersetzen kan.

Und du Maylander; ⸺ ⸺ Aber warte, mit dem Knaben habe ich erst ein Wort zu reden:

Licenti! was ist ehrbares, was ist vernünftiges in deinen Handlungen, in deinen kindischen Siegen? Sehr ehrbar für einen Sohn eines Römischen Hof-Herrn, einer Burgers-Tochter auf den Knien zu Füssen liegen: sehr ehrbar für einen Jüngling von hoher Geburt und Erziehung, wie ein Wahnwitziger seufzen, weinen. Pfuy! Ein Jüngling weinet um die Gunst eines getünchten Mädgens. Sehr ehrbar, eine Burgers-Tochter mit den unerfüllbaren Verheissungen einer zukünftigen Ehe verführen; sehr vernünftig, ein schwaches Gefäß mit goldenen Hebeln wankend machen. Ja, rühme dich nur, daß du Vernunftloser, als ein Kind, und unehrbarer, als ein Insect, gehandelt hast. Sehr vernünftig hast du gehandelt, wie jener Jüngling zu Athen, dir vollkommen gleich an Geburt und Thorheit. Er verliebte sich in das marmorne Bild der Glückes-Göttin auf dem Prytanæo. Eine glühende Bittschrift

schrift gabe der Verliebte an den grossen Rath ein, und verlangte die Erlaubniß, sich mit dem Bild feierlich zu vermählen; und da sie seinen Wahnwitz spotteten, gienge er zu dem Bild, fiele auf seine Knie, zoge den mörderischen Dolch hervor, und unter den Worten: Weilen ich nicht mit dir leben soll, so will ich auch nicht ohne dich leben, vor deinen Augen will ich sterben, drückete er den Dolch in die Brust. Wie ehrbar, wie vernünftig handeln die Verliebten!

Und was soll ich dir, Mayländer, sagen? Dir, der du nicht, wie dieser Jüngling, ein Freygeist, nicht ein Manichæer, nicht ein frecher Theist; Nein, ein Catholischer Christ seyn wilst? Du lachest, du spottest mit den Hörnern, die du einem Unschuldigen an seine unbewuste Stirn geschmiedet. Verfluchte Bosheit! Wenn dir auch nicht dein Evangelium, wenn dir auch nicht deine geistliche und bürgerliche Gesetze deinen schändlichen Fehltritt, als eine des zeitlichen und ewigen Todes schuldige Boßheit verhebeten; so sage mir nach den Gründen der Vernunft, nach den Gesetzen der Natur, was hast du ehrbares, was hast

du vernünftiges gehandelt, da du ein frem-
des Ehe-Bett bestiegen? wenn deine That
ehrbar ist, warum besuchest du nicht diese
Dame in der Gegenwart ihres Gemahls?
warum umarmest du sie nicht in seinem Angesicht? warum führest du sie nicht in seinem Beiseyn in ihr Schlafgemach? Dieses auch nur zu gedenken, schauert dir die
Haut; und du Bößwicht wilst mich über-
reden, diese deine Handlung seye ehrbar?
Die Küsse eines fremden Weibes seyen ehrbar, ihre Umarmungen seyen erlaubte Höf-
lichkeiten? O verführte Wollust! Oder
ist vielleicht was vernünftiges in deinen
Handlungen? Ist das vernünftig, daß du
um einen geraubten schnöden Kuß, um eine
unerlaubt gestohlene Umarmung die Untreue einem unversöhnlichen Haß ihres Gemahls, der feindschaftlichen Trennung ihrer
ehelichen Liebe, und dem grausamen Henker des so schändlich verletzten Gewissens
ewig aussetzest, und dein eigenes Blut und
Leben einer mörderischen Strafe seines
rächenden Schwerdtes blos giebest?

Und wie, ihr Jünglinge! wenn ein
schneller Hieb des Todes, oder könnt ihr
für selben auf einen Augenblick Frey-Briefe
auf-

aufzeigen? wenn selber euch in dem Frühling euerer Jahre, wie der Reif, oder die gähe Hitze eine Rose, niedermehete; wo werdet ihr aus diesen unzüchtigen Schlafkammern, aus diesen sündigen Armen hingerissen werden? wohin? soll ich es euch vielleicht erst sagen? So seye es. In einen höllischen Abgrund, aus deme keine Rettung mehr ist.

A A. Meinet ihr, diese meine Reden hätten eine Frucht, einen Eindruck in den Herzen dieser Jünglinge gehabt? Nichts minder. Hell lachten sie über mich auf. Du bist halt ein einfältiger Mönch, sagten einige; du bist eine von Vorurtheilen betäubte Einfalt, lächelten die andern, und giengen davon. Aber Augustinus und Melania? Diese waren mit Monica und Navigio in ein Nebenzimmer gegangen. Und ich? Ich sagte zu den frechen Jünglingen: Nächstens, wenn wir einander wieder sehen, wollte ich den Freygeistern erweisen, daß sie keine Ursache hätten, über diese Wahrheiten zu lachen; und daß, wenn ich schon ein Mönch wäre, ich dennoch ein Mensch, wie sie, verbliebe. Ich gienge davon; mit Thränen in den Augen über

über so verruchte Zeiten gienge ich fort, und seufzete. AA. seufzet auch mit mir: HErr! erbarme dich ihrer. Miserere mei Deus.

Vierte Fasten-Rede.

Vorspruch.

Non in Contentione et æmulatione. Rom. XIII. v. 13.

Nicht in Zank und Eifersucht.

Melania ist fort, AA. ganz fort; nach Africa ist sie zurückgekehret. Diese unverhofte Trennung ist euerer Aufmerksamkeit würdig. Da die muthwillige Frey-Geister mich letztens so hönisch verliessen, gesellte ich mich zu Monica in das Nebenzimmer. Mit wichtigen Gründen suchte die ehrwürdige Mutter ihren Sohn zur Entschliessung der Ehe zu bereden. Was braucht es, beste der Mütter, sagte der heuchlerische Augustinus; so lasse ich nur meine Hand mit dieser der Melaniæ binden? Er hielte selbe, und küssete sie.

sie. Nein, Augustine! antwortete die fromme Muttet; ein Weib, so ihre Ehre so lang durch einen Beyschlaf geschändet, wird allzeit ein Gegenstand der viehischen Wollust, niemal aber eine treue Gattin in der geheiligten Ehe seyn. Melania, wie von dem Strahl des Donners, durch diese Rede getroffen, sasse lang unbeweglich da; endlichen risse sie sich aus den Händen Augustini los, sie verschlosse sich in ihre Kammer, man hörte sie weinen, man hörte sie schluchzen. A A. Es waren fromme Seufzer, es waren heilige Thränen; durch die ganze schlaflose Nacht rollten sie von ihren Wangen. Kaum ware der Tag angebrochen, so eilte sie in einen Schleier verhüllet mit einem schwarzen schlechten Kleid angethan in den Tempel, und warf sich zu den Füssen des Priesters; denn ihr ganzes Gewissen ware erwachet, und der ganze häßliche Wust ihres sündigen Lebens hatte sich ihren Seelen-Augen dargeleget; Reumüthig bekennete sie ihre Eitelkeit, ihren Beyschlaf; und ihre Augen badeten in Thränen. Sie warfe sich zu dem Fuse des Altars, und mit einem heiligen Gelübde verbande sie sich, nach Hause zu kehren, und nimmermermehr mit dem andern Geschlecht einen Umgang zu pflegen, sondern in beständiger Busse ihre Unordnungen zu beweinen. Sie stärkte sich mit dem Brod der Engel, kehrte zurück, forderte Monicam und Augustinum zu sich.

Dort sahe man auf dem Fusboden den ganzen Frühling der Blumen zerstreuet, zerrissen, zertretten. Dort lagen die Trümmer von den Alabasternen und Crystallenen Gefäsen; Dort lagen die ausgeschüttete Schachteln, dort rollten die Perlen von den zersprengten Schnüren und Bändern; Die Bänder, die Spitzen, die goldene und silberne Dressen waren von den Kleidern getrennet, verwirret lagen sie über einander. Spiegel und Bilder, Kästgen und Leuchter, und alle Schätze des Nacht-Tisches lagen zertrümmert über einander. Melania umfassete den erstarrten Augustinum, drückte einen Kuß auf seine erblaßte Wangen; Siehe, sagte sie, das ist der erste keusche und auch der letzte Kuß, den ich deinem Geschlecht aufdrücke. Hierauf küssete sie Monicam; hier schlugen Zähren auf Zähren; der Himmel, stammlete Melania, belohne dir meine Bekehrung, und

schenke

schenke dir Augustinum wiederum. Hier eilte sie aus dem Hause, warfe sich in den bestellten Wagen; schnell rollte selbiger nach Rom, und an das Ufer, und mit dem ersten Schiff segelte sie nach Africa zurück.

Und der ertatterte Augustinus? Ach! eine Schande für unser Geschlecht! Ein Weib haben die Thränen und Reden Monicæ zu einem bessern Leben erwecket; und Augustinus, ein Mann, warfe sich noch selbige Nacht in die häßlichen Arme einer neuen Beyschläferin; denn seiner verführten Seele ware es unmöglich, den einmal gekosteten tödlichen Zucker des Wollustes zu fliehen.

Und Monica? ach! die bedaurenswürdige Monica zerflosse in Thränen; wo sie nur ihren verlohrnen Augustinum konnte finden, bestürmte sie sein hartnäckiges Herz mit Zähren und Warnungen. Ach, Augustine! wimmerte sie, einmal werde nur ein Christ; alsdenn werden alle diese Schatten, alle diese Finsternissen der Höllen entfliehen, die dich bezaubern und verführen. Ein Christ, sagte Augustinus, der elende Jüngling? ein Christ? derer Religion so einfältig, so aberglaubisch, einer gesunden

Vernunft so unbegreiflich, so widersprechend; was redest du, Augustine? fiele ihm Poticianus in die Rede; welche sind deine Ausnahmen, welches sind deine Zweifeln, welches sind deine Gründe, die dir unsere Religion so niederträchtig schildern? Ich bin zwar nur ein Kriegs-Mann; aber der Geist GOttes, der meinen Glauben beseelet, wird meinen Verstand erleuchten, deine Zweifeln zu heben, deine Gründe aufzulösen. Komme Augustine! kommet ihr verzauberten Jünglinge! hier lasset uns unter diesem Schatten der Bäume niedersetzen, und das Geschäft der Religion behandlen. Denn Poticianus und Monica hatten Augustinum mit seinen Schülern in dem Garten angetroffen, wo er ihnen Lehren der Wohlredenheit gabe.

O mächtige Gnade! gieb meinen Erzehlungen die Kraft; denn ich sehe, meine AA. sind bereit, sie anzuhören; daß sie so vieles in dem Verstand der Freygeister wirken, als sie in dem Verstand Augustini und seiner Gesellen gewirket. Dieses flehe ich, dieses wünsche ich.

P. I.

P. I.

Die Geſellſchaft hatte ſich in einem Kreis unter dem Schatten der Bäume gelageret. Potitianus ein tapferer Krieges-Held und edleſter Hof-Herr des Kayſers, den Monica als einem frommen Landes-Mann, denn er ware in Africa gebohren, erſuchet hatte, ihrem verkehrten Sohn beſſere Begriffe von dem Chriſtenthum beyzubringen, verwahrte ſich gegen den vorſtehenden Glaubens-Streit mit dieſen Worten: Jünglinge! es ſtehet zwar einem rechtſchaffenen Chriſten nicht zu, die Geheimniſſe ſeiner heiligen Religion zu einem Gegenſtand eines unnützen Geſchwätzes zu machen; denn Paulus einer unſerer gröſten Lehrer verbietet den Religions-Zwiſt und Glaubens-Streit, wie Unzucht und Trunkenheit: non in Contentione et æmulatione. Und, er ſagt an einem andern Ort, daß unſer GOtt dem hochmütigen Zänker widerſtehe, und nur denen, die ihn in Demut anbetten, die Gnade der Erkenntniß ertheile; doch iſt es auch ein Gebot, die Unwiſſende zu lehren, und die Irrige zu recht zu weiſen. Sage mir alſo, Auguſtine! was iſt, das dich auſſer dem

Schoos

Schoos der Kirchen hält, in welchem du gebohren, und diese fromme Mutter dich erzogen? Beste der Mütter, antwortete Augustinus, theuerster Freund! nicht aus einem Gespötte, nicht aus einem zänkischen Widersprechungs-Geist, nein, aus einer Wahrheits-Liebe, aus einer Begierde der Weisheit lege ich euch meine Zweifel vor.

Der Grund der Christlichen Religion machet mich schüchtern. Der Grund einer Religion muß die Wahrheit seyn. Wahrheiten, wenn sie eine gesunde Vernunft überzeugen wollen, müssen begriffen, und nicht geglaubet werden. Der Glauben ist ein Zeichen einer Schwäche, einer Einfalt, eine Zuflucht der Unwissenheit; der Glauben gebähret keine Wahrheit noch Weisheit. Unbegreifliche Dinge müssen erwiesen, nicht zu glauben, aufgebürdet werden. So klar muß mir erwiesen werden, daß ein GOtt, eine unsterbliche Seele, ein zukünftiges glückliches Leben zu hoffen, oder ewig unglückliches zu fürchten seye, als ich erweisen kan, daß sieben und drey zehen machen; sonsten sind es keine Wahrheiten. Nein, aufgedrungene Unwahrheiten sind es, mit denen man die Einfalt betrüget, und
die

die Unwissenheit nähret. Hier schwieg Augustinus.

Also, Augustine! der Glauben kan kein Grund der Wahrheit seyn; und Wahrheiten, die nicht so klar erwiesen werden, als du erweisen kanst, daß sieben und dreyzehen machen, giebst du keinen vernünftigen Beyfall? erwiderte Potitianus. Wohlan! Nehme den Glauben von der Welt, und sage mir, wie viele Wahrheiten du findest; und wenn du der Wahrheit nicht vernünftigen Beyfall geben wilst, bis sie dir so klar erwiesen; wann kanst du einen vernünftigen Beyfall geben? Ist es eine Wahrheit, daß Troja gestanden, daß Troja in Rauch und Flammen aufgegangen, daß es wegen der schönen Helena ein Raub des Feuers geworden? Ja, sagt Augustinus, dieses glaube ich, als eine Wahrheit. Langsam, Augustine! Ich vermeinte, der Glauben könnte kein Grund der Wahrheit seyn. Elender Manichæer! durchforsche die ganze Natur, durchforsche die Welt-Geschichten, durchforsche alle Künste und Wissenschaften, und sage mir, wie viel du Wahrheiten findest, die sich nicht auf den Glauben gründen? Du magst also wollen, oder nicht
wol-

wollen, so muſt du entweder eingeſtehen, daß der Glauben ein Grund der Wahrheit ſeyn kan; oder du muſt zugeben, daß alle Erzehlungen der Geſchichten, oder Wunder der Natur, der Künſte und Wiſſenſchaften, Lügen und Unwahrheiten ſeyen. Wie kanſt du alſo als eine Wahrheit glauben, daß Troja geſtanden, daß es wegen einem Weib in Flammen aufgegangen? Dieſen Glauben, antwortete Auguſtinus, gründen mir wahrhafte Zeugen, beaugte Zeugen, die mir den Brand Troja ſo klar erweiſen, als ich erweiſen kan, daß ſieben und drey zehen machen. Alſo, wahrhafte Zeugen, beaugte Zeugen legen dir den Grund einer unumſtößlich erwieſenen Wahrheit? Merke dieſen Satz, und höre meine Folge: Die Warheit unſerer Chriſtlichen Religion und ihrer Geheimniſſe zeugen zwölf glaubwürdige, wahrhafte und beaugte Zeugen. Schweige, ſchweige, ſagte Auguſtinus, dieſes waren zwölf einfältige unwiſſende Fiſcher; die waren leicht zu betrügen, und ſie konnten wieder betrügen. Wen konnten ſie betrügen, fragte Potitianus? die Einfältige, ſagte Auguſtinus. Alſo nur die Einfältige konnten

ſie

* * *

sie betrügen: Wer waren nun die Stützen der Weisheit zu Athen, die Philosophen und Wohlredner Griechenlandes, die Raths-Herren der Welt-Stadt Rom? waren dieses lauter betrogene einfältige Menschen? aber, wenn sie es waren, wer hat sie betrogen? zwölf arme, elende, einfältige Fischer. Sage mir Augustine, wenn zwölf gemahlte Indianer in Europa überschifften, und mit ihren hölzernen Degen gegen ein Krieges-Heer von Millionen Menschen den ganzen Occident einnähmen, und ihrem hölzernen Degen dienst- und zinßbar unterwürfen; müstest du nicht diese Einnahme, diese Unterwerfung für ein Werk ansehen, so alle menschliche Kräften, allen menschlichen Glauben und Verstand übersteiget? Wenn es aber wirklich geschähe, so müste ich es für ein Werk einer all-beherrschenden Gottheit annehmen, antwortete Augustinus. Ich will noch mehr darzu setzen, sagte Potitianus; Wie? wenn diese zwölf gemahlte Indianer auf dem Platz blieben, und dennoch Europa, das überwundene Europa dem unsichtbaren König dieser getödteten Indianer sich zinsbar unterwürfe?

Das

Das Wunder wäre noch grösser, antwortete Auguſtinus. Siehe, Auguſtine! fuhre Potitianus fort: zwölf arme, einfältige, unwiſſende Fiſcher ſind alle Winkeln der Welt durchſtrichen, gegen tauſend Rechtsgelehrte, gegen tauſend Philoſophen, gegen tauſend Wohlredner, gegen tauſend Barbarn und Tyrannen hatten ſie gekämpfet; ſie haben eine Religion verkündiget, von der man niemalen was gehöret, niemal was geſehen, niemal einem Menſchen-Verſtand was eingefallen; und dieſer Religion, die von allen Sinnen ſo weit entfernet, dem menſchlichen Verſtand ſo unbegreiflich, dem menſchlichen Willen und der Sinnlichkeit ſo zuwider; dieſer Religion, ſage ich, haben ſich dieſe Tauſende der Philoſophen, der Wohlredner, der Rechtsgelehrten, der Barbarn, der Tyrannen unterworfen; und alsdenn haben ſie ſich unterworfen, da dieſe zwölf arme Fiſcher getödet auf dem Richt-Platz lagen; ſie haben ſich nicht nur unterworfen, ſondern ſie haben ihre Wahrheit mit Mund und Feder vertheidiget, ſie haben für ſelbe ihr Blut vergoſſen, ſie haben für ſelbe auf Richt-Stätten und Marter-Plätzen ihr Leben gelaſ-

gelaſſen. Und dieſe Unterwerfung ſoll ein Werk der Menſchen ſeyn, dieſe Religion ſoll ohne Grund der Wahrheit ſeyn? ſo viele Millionen Menſchen, gelehrte, anſehnliche, mächtige Menſchen ſollen für Lügen und Unwahrheiten ihr Blut vergieſſen, ihr Leben laſſen? Kanſt du, als ein vernünftiger Manichæer, dieſes glauben? oder kanſt du an der Wahrheit dieſer Geſchicht zweiflen, welche eine ganze beaugte Welt geſehen, aufgezeichnet, und bis dieſe Stund von Mund zu Mund erzehlet? Hier ſtutzten die Jünglinge.

Und was ware der Innhalt dieſer Religion? Daß ein einziger GOtt ſeye, der alles erſchaffen, der alles weiſeſt beherrſchet; daß wir eine unſterbliche Seele haben; daß wir nach dieſem Leben etweder nach unſeren Verdienſten eine ewige Glückſeligkeit, oder nach unſeren Miß-Verdienſten eine ewige Unglückſeligkeit zu erwarten haben. Eben dieſe Sätze, ſagte Auguſtinus, ſind mir unbegreiflich; und ich kan ſie für keine Wahrheiten annehmen, bis ſie mir ſo klar, als wie zehen aus drey und ſieben, erwieſen werden. Langſam, ſagte Potitianus; Du glaubeſt, und als eine erwiewiesene Wahrheit glaubest du es, daß Troja wegen einem Weib in Rauch und Aschen aufgegangen; und warum glaubest du es? weilen es beaugte Zeugen, wahrhafte Zeugen aufgezeichnet. Und siehe, daß ein GOtt seye, haben Zeugen, die ihn gesehen, die mit ihme geredet, und denen er sich geoffenbaret, in ihren Schriften aufgezeichnet; daß eine unsterbliche Seele seye, haben beaugte Zeugen, die mit den Seelen der Verstorbenen geredet, die sie gesehen, in ihren Schriften uns hinterlassen; daß eine ewige Glückseligkeit oder Unglückseligkeit seye, haben Männer in ihren Schriften bewähret, die noch in dem Leben in das Reich der Glückseligen oder Unglückseligen entzücket waren. Diese Schriften sind Gedichte, sagte Augustinus. Gemach, gemach, sagte Poticianus; mit dem nemlichen Recht, mit welchem du unsere alte und neue Schriften Gedichte nennest, mit dem nemlichen und weit grösseren Recht kan ich die Geschicht von Troja ein Gedichte nennen. Denn, sage mir, wer hat die Geschichtbücher eines Heydnischen Schrift-Stellers so heilig verwahret und aufbehalten, welches Volk hat sie mit einem

nem so allgemeinen Mund verkündet, vertheidiget? wer hat für ihre Wahrheit sein Leben, sein Blut aufgesetzet, als wir für unsere Schrift in einer ganzen Welt zu thun bereit sind? Und, wenn an unserer Schrift der mindeste Zweifel der Wahrheit wäre; würde selbiger von so vielen tausend und hundert Jahren durch so viele Gelehrte noch nicht entdecket seyn? Ich muß es doch nur glauben, und es kan mir nicht klar erwiesen werden, daß ein GOtt eine unsterbliche Seele, eine ewige Zukunft seye, sagte Augustinus. Und bis diese Stunde, antwortete Poticianus, hat noch kein Freygeist klar erweisen können, daß kein GOtt, keine unsterbliche Seele, keine Ewigkeit seye; denn, wenn es so klar erwiesen ist, als du erweisen kanst, daß drey und sieben zehen machen, wo sind die Beweisthümer, warum bringen sie diese Witzlinge nicht bey? oder wenn sie da sind, warum finden sie nicht bey der ganzen Welt den Beyfall, wie die klare Wahrheit, daß sieben und drey zehen machen? Denn, klaren Wahrheiten kan die Vernunft nicht widersprechen. Oder, wenn sie Beyfall finden, warum rauben, plündern, morden, ehebrechen nicht alle Menschen? Denn, wenn kein GOtt, keine unsterbliche Seele, keine Ewigkeit ist; so sind die Menschen Narren, daß sie das mindeste ihrer Gemächlichkeit und Sinnlichkeit entziehen. Gestehe es nur, Augustine, nimmermehr kan es erwiesen werden, daß kein GOtt, keine unsterbliche Seele, keine Ewigkeit seye; du glaubst es also nur; und wem? einem Epicuro, einem Lucretio und ihren Schülern, die an einem GOtt, an ihrer Seele zweiflen, weilen sie wegen ihrem viehischen Leben wünscheten, wie das Viehe zu sterben, damit sie keinem GOtt dörften Rechenschaft geben, und keine verlohrne oder verdiente Ewigkeit fürchten; und dieser Zweifel der zehen Gottlosen soll in deiner Vernunft der Wahrheit und dem Glauben Millionen der Frommen vorwägen? Augustine! hierzu sehe ich dich zu vernünftig an.

Die Vernunft erfordert, erwiderte Augustinus, daß mir nicht unbegreiflich vorkomme, was ich als eine Wahrheit glauben soll. Und, was ist das unbegreifliche, sagte Potitianus, so deine Vernunft zum Beyfall verweilet? Daß ein GOtt seye,

und

und doch das Uebel erschaffe und zulasse, weilen das Uebel seiner Vollkommenheit widerstreitet; denn, entweder kan er das Uebel nicht verhinderen; so ist er kein allmächtiger GOtt: oder, er kan es verhindern; und verhindert es nicht, so ist er ein unweiser GOtt: oder, er kan es verhindern, und strafet es hernach in einer Ewigkeit, so ist er ein ungerechter, ein unbarmherziger GOtt. Das Uebel also zernichtet den Begriff eines GOttes.

Augustine, erwiderte Potitianus, was nennest du das Uebel? Die Wunde, die unseren Körper töden kan, der Todschlag, der deine Seele eines ewigen Feuers strafsfällig machen kan. Gelt, diese natürliche und sittliche Uebel kanst du mit dem Begriffe eines GOttes nicht reimen? O Augustine! wie betäubet ist deine Vernunft? Hat dann GOtt deinen Körper mit der Wunde, oder in dem natürlichen Uebel erschaffen, oder hat er nur deinen Körper also gebildet, daß er zufälliger Weis dem Uebel und der Wunde kan unterworffen seyn? Dein Körper ist ohne der Wunden erschaffen, und nur zufälliger Weis ist er der Verwundung und den übrigen natürlichen

lichen Uebeln unterworfen. Diese Unterwürfigkeit ist kein Uebel; denn, wenn GOtt deinen Körper ohne dieser Unterwerfung hätte erschaffen sollen, so hätte er denselben nicht aus Fleisch und Blut, sondern aus Stein, Erz und dergleichen unverwundlichen Materien erbauen müssen; aber alsdann wäre dein Körper weder belebt, weder beweglich, und also auch kein menschlicher Körper gewesen. Da nun aber GOtt dich als einen Menschen erschaffen wollen, so muste er dich also erschaffen. Wer ist nun die Ursache der Wunde oder des Uebels? Gelt, der boßhafte Willen deines Feindes, der dir den Dolchen in die Brust stößt. Also ist der Mensch der Urheber des natürlichen sittlichen Uebels; denn die Verwundung oder Todschlag ist ein sittliches Uebel, wie der Ehebruch. Du sagst: Entweder kan es GOtt verhindern, oder nicht? Ich antworte: Er kan, wenn er will; aber die Ordnung seines Geschöpfes forderet, daß er nicht wolle. Der Mensch, als das edelste vernünftige Geschöpf, muß einen freyen Willen haben, sonst würde er ein vernünftiger Mensch zu seyn aufhören. Hat nun dein Feind seinen freyen Willen, so muß er er den Dolchen ziehen können, und selben in deine Brust stossen. Denn, wenn ihn GOtt verhinderte, wie du forderest, so hätte er seinen freyen Willen, und seine freye Bewegung gehindert, und er höret auf, der freye Mensch zu seyn. Also ist GOtt der Urheber der Freyheit dieses Feindes, und dein Feind, der den unschuldigen freyen Willen mißbrauchet, ist der Urheber des sittlichen und natürlichen Uebels. Hat nun GOtt, sagte Augustinus, mich mit dieser Freyheit erschaffen; warum will er den Gebrauch des freyen Willens an dem Menschen ewig strafen? Ist er nicht ein ungerechter, ein tyrannischer GOtt? Langsam, Augustine, sagte Potitianus, die Verwundung ist kein Gebrauch; Nein, ein Mißbrauch des freyen Willens. Dieser GOtt hat deiner Seele ein Gesetz eingepräget, das Gute zu wählen, und das Böse zu fliehen; ein Gesetz, so dir sehr vernünftig vorschreibet; du sollst einem andern nicht thun, was du nicht willst, daß er dir thue. Dieses Gesetz konnte er als ein HErr und Erschaffer dir als seinem Geschöpfe vorschreiben; und du, als ein Geschöpf, bist verbunden, ihm zu gehorsamen

samen. Dein GOtt ist in diesem Gesetze so gütig, als gerecht. Er sagt: Wirst du dieses Gesetz erfüllen, so will ich dich ewig belohnen; wirst du es übertretten, so werde ich dich ewig strafen. Da dich nun dein Feind verwundet, so übertritt er dieses Gesetz, weilen er dir das thut, so er nicht will, daß es ihm gethan werde; also verdienet er die Strafe, die diesem Ungehorsam gerecht gesetzet ist.

Die gerechte Strafe, sagte Augustinus, muß der Schuld gemäß seyn; die Verwundung ist eine endliche That, die Hölle eine ewige und unendliche Strafe; diese ist ungemessen, also ungerecht. Du irrest, sagte Potitianus; Die Verwundung wird nicht bestrafet; der Ungehorsam ist es, so die Strafe verdienet. Der Ungehorsam ist eine unendliche Beleidigung einer unendlichen Majestät; eine unendliche Beleidigung verdienet eine unendliche Strafe, weilen es eine unendliche Boßheit ist, seinem Schöpfer nicht gehorsamen wollen.

Mein Freund, sagte Augustinus, diese Lehre setzet eine unsterbliche Seele und eine Ewigkeit zum voraus; und diese sind mir unbegreiflich. Sage nicht, sie seyen
die

dir unbegreiflich, erwiederte Potitianus; sondern sage, du wünschtest, sie wären ein Gedicht, damit du sie nicht fürchten dürftest, da du niemal dem Gesetze gehorsamen, sondern ihm allzeit, um deine Wollust und Begierlichkeiten, wie ein unvernünftiges und gesetzloses Vieh, zu sättigen, ungestraft zuwider handeln mögtest. Ich bin kein Philosoph, fuhre Potitianus fort; ich bin kein Theolog; ich bin nur ein Kriegs-Mann. Aber ich will dir doch auch die Unsterblichkeit der Seele, und die Ewigkeit mit 3. Worten erweisen. Du wirst mir nicht läugnen, daß wir Menschen edlere Geschöpfe seyn müssen, als die Thiere und Insecten sind. Hätten wir von dem Erschaffer keine unsterbliche Seele; hätten wir keine Ewigkeit zu hoffen; so wären wir elendere und armseligere Geschöpfe, als die Thiere. Wir fühlen ein Gesetze, so die Thiere nicht fühlen, weilen sie Vernunftlos sind. Hätten wir nun für unseren Gehorsam gegen das Gesetze keine Belohnung zu erwarten, so wären wir weit elender, als die vernunftlose Insecten. Denn, wegen unserer Vernunft hätten wir die Erkänntniß unserer schweren Verbindung; wegen unserer Vernunft hätten wir grössere Empfindung der zufälligen Uebel. Wäre nun uns keine Belohnung bestimmet, stürben unsere Seelen, wie die Seelen der Thiere; so hätten wir elender und armseliger, als die Thiere, gelebt, und noch betrübter und armseliger stürben wir dahin. Wäre aber nicht genug, streuete Augustinus ein, daß wir zeitliche Belohnungen und auch Strafen von dem Urheber der Natur empfiengen? Nein, sagte Potitianus; dieser Urheber der Natur muß gerecht seyn. Er lässet den freyen Geschöpfen den freyen Willen. Gesetzt, du hättest in deinem ganzen Leben dem Gesetze deines Erschaffers gehorsamet; aber der freye Willen deiner Feinde hätten dich in deinem ganzen Leben unglücklich gemacht; denn die natürlichen Uebel wären Wirkungen des freyen Willens deiner Feinde, den der Erschaffer nicht hemmen will, weilen Er will, daß sie freye Menschen bleiben sollen. Da du nun aus Bosheit deiner Feinde in diesem Leben wärest unbelohnet geblieben; wäre dieser GOtt nicht ungerecht, wenn Er dich nicht in dem andern Leben belohnet? Wärest du nicht armseliger, als die Insecten, wenn du für dei-

deinen Gehorsam nicht noch einen Lohn in dem andern Leben zu hoffen hätteſt, den du wegen der Boßheit deiner Feinden in dieſem Leben noch nicht empfangen? Alſo, damit dein GOtt gerecht ſeye, damit du nicht elender, als ein Inſect, lebeteſt, und dahin ſtürbeſt; ſo muß ein anderes Leben; und weilen dein GOtt unendlich gütig iſt, ein ewiges Leben, und eine ewige Belohnung ſeyn; und weilen er eben ſo gerecht, als gütig iſt, alſo muß auch noch in dem andern Leben ein Ort der Strafen für jene ſeyn, die in ihrem ganzen Leben aus zufälligen Urſachen, ſo der Schöpfer nicht hindern will, wegen ihres beſtändigen Ungehorſams, wegen ihres vernunftloſen und viehiſchen Lebens nicht geſtraft worden; ſonſt würde Er aufhören, gegen die Gehorſame gütig, und gegen die Ungehorſame gerecht zu ſeyn. Begriffe dies einer Boßheit widerſtreiten?

Auguſtinus wuſte nicht recht, was er Potitiano antworten ſollte. GOtt, ſagte er endlich, die Seele, die Ewigkeit ſind mir halt unbegreifliche Dinge, weilen ſie mir nicht ſo klar können erwieſen werden, als wie, daß ſieben und drey zehen machen.

Poti-

Potitiánus, der vermeinte, alle seine Vernunft-Schlüsse seyen fruchtlos gewesen, wurde feuerig; denn er ware ein Kriegs-Mann, der den blinden Widerspruch nicht lang zu ertragen weiß. Er stunde auf. Augustine, sagte er mit ernsthafter und erhabener Stimme: Augustine! trauest du dir in diesem deinem Unglauben, in dieser deiner Ungewißheit, in diesem deinen sinnlichen und Sünden-vollen Leben diesen Augenblick auf gerathe wohl, es gebe einen GOtt, eine unsterbliche Seele, oder keine; diesen Augenblick sage ich, trauest du dir, zu sterben? Trauest du diesem GOtt, gesetzt, es wäre einer, in der Ewigkeit von allen deinen Handlungen Rechenschaft zu geben? Ueberlege es. Hier schwiege er still; gienge fort; Monica und Navigius mit Thränen in den Augen folgten ihm nach.

Augustinus, wie ein Mensch, der einer schweren Sache reiflich nachdenket, sasse eine Zeit lang erstummet da. Endlich wiederholte er die letzte Worte Potitiani: Augustine! trauest du dir in dieser Ungewißheit, in diesem Unglauben, in diesem Sündenvollen Leben diesen Augenblick zu

ster-

sterben? trauest du dir, diesem GOtt, wenn einer wäre, von allen deinen Handlungen Rechenschaft zu geben? Freunde! die Frage ist schwer; aber noch schwerer die Antwort. Kommet, Brüder, lasset uns zu Ambrosius gehen; dieser muß uns die Wahrheit klärer entziffern. Augustinus gienge, Alipius, Nebridius und Evodius folgten ihm; Trigetius, Licentius und die übrige blieben spottend zurück, und lachend ruften sie ihnen eine baldige Bekehrung nach.

P. II.

Sie musten für den Tempel vorüber gehen; denn der H. Bischof wohnte unweit von selbem. Lasset uns das Haus dieses unbegreiflichen GOttes besuchen, und Ihn bitten, daß Er sich uns klärer zu erkennen gebe, sagte Augustinus. Sie giengen hinein; Augustinus bettete. Ihr werdet begierig seyn, das Gebet eines Frey-Geistes zu wissen; so lautete es. Grosser, noch unerkannter GOtt! gieb meiner blinden oder verblendeten Seele das Licht, daß sie Dich erkenne. Lösche aus in meinem feuerigen Herzen den Zunder der Geilheit, ertheile selbem die Reinigkeit und Keusch= heit. Aber noch jetzt nicht; bis ich meine gereitzte Begierden ersättiget habe. Erhöre mein Gebet; aber erhöre es nicht gleich: denn tödlich würde mir die Tren= nung von meinen Freunden und Freun= dinnen seyn. Ein schönes Gebet! AA. Aber vielleicht befrembdet es viele nicht, weilen das ihrige diesem nicht ungleich. Sie mögten tugendhaft, keusch mögten sie seyn; aber GOtt soll ihr Gebet nicht gleich er= hören, damit sie von ihren lieben Eitelkei= ten und süssen Wollüsten vor der Sätti= gung nicht getrennet werden.

Sie tratten in den Bischöflichen Pal= last; sie verlangten Ambrosium zu spre= chen; der H. Bischof empfinge sie freund= lich (denn eben erst hatte ihn Monica ver= lassen, die ihn unter tausend mütterlichen Zähren nach ihrer täglichen Gewohnheit über das verstockte Herz Augustini geklaget, und seinen Beystand zu dessen Bekehrung angeflehet hatte; mit einer heiligen Ungedult hatte er sie mit diesen weissagenden Worten entlassen: Gehe hin, fromme Mutter, sey getröstet. Es ist nicht möglich, daß ein Sohn so vieler heissen Zähren zu Grund ge=

gehe) Was bringen meine Freunde, ware die Anrede Ambrosii. Frommer Vater, ware die Antwort Augustini, wie ein Schiff, so Steuer und Segel los von den stürmenden Winden auf der Höhe des tobenden Meeres umhergeschlagen wird; so wird unser Seelen-Schiffgen von den Glaubens-Zweifeln umhergetrieben. Wir bedürfen eines klugen, geschickten und erfahrnen Steuermanns. Wie ein irrendes Schaf auf den öden Triften weidet, und der Gefahr der Wölfe ausgesetzet ist; so irren wir auf unsern Fluren der grünenden Jugend umher, und wir sehen den Rachen der Wölfe aufgesperret; wir bedürfen eines treuen, eines starken Hirtens. Deine Weisheit, deine Frömmigkeit, die wir so oft in dem Tempel aus deinem Mund bewundert haben (höret den Heuchler!) verspricht uns in dir diesen erfahrnen Steuermann, diesen treuen Hirten. Hier sind wir, die Lehren des Heils aus deinem Mund zu hören. Söhne, antwortete der H. Vater, gehet hin, leset das Buch, fleißig leset es, so wir die Schrift und das Wort GOttes nennen; für diesen unwiderstehlichen Licht werden die Schatten, und die

Fin-

Finsternissen eurer Zweifel weichen; denn es stehet geschrieben: Lasset uns ehrbar, wie an dem Tage wandeln; nicht in dem Glaubens-Zwist, und in der stolzen Eifersucht eines grüblenden Geistes. Groser Vater, antwortete Augustinus, was sollen wir von einem Buch hoffen, in dem kein Saft einer Wohlredenheit, kein Geschmack eines erhabenen Geistes, kein Schimmer eines Lichtes der Weisheit ist? Augustine, antwortete der H. Vater, nur die Stolze und Aufgeblasene kosten den Saft nicht, weilen sie die leere Hülsen suchen; aber die Demüthigen, die nach dem Geist spühren, finden einen Geschmack an dem Worte GOttes. Der Buchstaben tödet, aber der Geist machet lebendig. Leset die Sendschreiben Pauli; hier werdet ihr Feuer, Geist und Geschmack antreffen. Dieses ist alles, was ich euch sagen kan. Begnüget ihr euch mit diesem nicht, so gehet zu dem frommen Diener GOttes Simplicianus, der wird euch lehren, wie ihr leben sollt, damit ihr den Fluthen des Schiffbrüchigen Meeres entgehet, und als Schaf Christi die gute und sichere Weide findet. Bestürzt, so wie hochmüthige Menschen,

die

die mit der Antwort eines klugen nicht zufrieden sind, weilen selbe ihren Absichten nicht schmeichlet, eilten die gerührte und verwirrte fort. Stumm, tiefsinnig, wie Menschen, deren Seele unentschlossene schwere Sorgen auf die Folter spannen, suchten sie Simplicianum auf. Den heiligen Greis traffen sie in einer einsamen Laube seines Gartens in Betrachtungen an: Er stunde auf, gienge ihnen entgegen, und mit der Liebvollen Mine eines Vaters redete er die Jünglinge an: Wie kommt es, sagte der Liebreiche Vater, daß ihr mich eueres Besuches würdiget? Ehrwürdiger Vater, sagte Augustinus, der fromme Bischof Ambrosius schicket uns zu dir. Wir suchen einen erfahrnen Steuer=Mann; denn wir haben Seelen=Schiffe auf der Höhe der stürmenden Meeres=Fluthen. Sie brauchen einen treuen Hirten; denn wir haben Schafe, die in den Wildnissen irren; zu dir hat uns Ambrosius hingewiesen. Söhne, antwortete der H. Greis, CHristus muß euer Steuermann seyn, wenn ihr euer Seelen=Schiff an das sichere Ufer ziehen wollt; CHristus muß euer Hirt seyn, wenn ihr aus den

H Wild=

Wildnissen in den rechten Schaf-Stall, und auf die sichere Weide wollet übergeführt werden. Augustinus und seine Freunde schüttelten die Köpfe; denn dieses ware diesen Frey-Geistern eine fremde, eine unverständliche Sprache. Kaum merkte es Simplicianus; glaubet ihr vielleicht, sagte er, CHristus beschimpfe eueren Adel, oder er verdunkle euere Wissenschaften, oder ihr höret auf, rechtschaffene Bürger der Welt zu seyn, wenn ihr unter seiner Fahne schwöret? Augustine! hast du niemalen von Victorino, dem Wunder der Römischen Wohlredenheit, gehöret? Ja, sagte Augustinus, ich lese seinen Plato, den er in das Lateinische übersetzet; Ich weiß, daß er der Lehrer der grösten Welt-Weisen und der gelehrtesten Raths-Herren der Welt-Stadt Rom gewesen; Ich weiß, daß ihm das Heydnische Rom eine vergötternde Bild-Säule aufgerichtet. Ganz recht; von diesem Victorino rede ich, sagte der alte Greis; Weist du aber auch, daß er als ein Christ gestorben? Ich habe es gehöret, sagte Augustinus. Weist du aber auch, fragte Simplicianus, wie er zu der Fahne Christi gelanget? Ich will

es

es erzehlen: Er ware mein vertrautester Freund. So must du weder deine Melania, noch deine jetzige Meretricula geliebet haben (Augustinus wurde Blut-roth; was doch die Geissel des schuldigen Gewissens kan!) als wie er die Fabeln der Abgötterey liebte. Ich riehte ihm die Evangelien und Sendschreiben der Aposteln zu lesen. Er lase sie; und er sagte frolockend zu mir an einem Tage: Simpliciane, ich bin ein Christ. Du ein Christ? antwortete ich ihm, warum erscheinest du nicht in den Tempeln der Christen? warum wohnest du ihren feierlichen Geheimnissen nicht bey? Er lachte mich aus. Machen denn Wände und Mauern einen Christen aus, ware seine Antwort? Zehenmal sagte ich ihm; so lang ich ihn nicht täglich in dem Tempel der Christen sehen würde, so lange würde ich ihn für keinen Christen halten; und zehenmal spottete er meiner, daß Wände und Mauern keinen Christen machen; denn er schämete sich für seinen heydnischen Freunden, als ein Christ zu erscheinen. Kaum aber hatte er auf mein Geheiß in den geheiligten Blättern gelesen, daß CHristus jenen vor seinem Vater und seinen Engeln verläug-

nen

nen würde, der sich schämen würde, Christum und seine Religion vor den Menschen zu bekennen; so umarmte er mich, und sagte: Simpliciane, führe mich in den Tempel der Christen; ich will mich öffentlich zu einem Christen bekennen. Freudig führte ich ihn in den Tempel, und der grosse Victorinus scheuete sich nicht, auf einer erhöheten Schau-Bühne, wenn es schon die Priester nicht verlangten, vor der ganzen Menge des Heydnischen und Christlichen Volkes die öffentliche Bekenntniß des Glaubens Christi abzulegen. Der Namen Victorinus, die Stimme: Victorinus leget Glaubens-Bekenntniß ab, erschallete hundertfach durch den Tempel; das Heydenthum knirschte mit den Zähnen; die Lippen der Christen jauchzeten für Freude. Victorinus, der gröste der Wohlredner, der Lehrer der Römischen Weisheit ware ein Christ; unveränderlich lebte er, als ein Christ; heilig starb er als ein Christ. (Was sagen die Frey-Geister hierzu, die meinen: lasset mich anderst reden: die heuchlen, es seye genug, ein Christ in dem Herzen zu seyn; und es seye nicht nothwendig, in den Christen-Tempeln und bey ihren Geheim-

nissen

nissen zu erscheinen) Simplicianus fuhre weiter fort: Und, da Julianus der Kayser verbothe, daß kein Christ die Wohlredenheit lehren solle, gabe Victorinus mit Freuden sein Lehr-Amt auf, und er wurde ein armer Lehrer der Religion, da er kein reicher Lehrer der Eitelkeit mehr seyn sollte. Augustine! geliebte Söhne! Christen, rechtschaffene Christen, nicht nur in dem verborgenen, nein öffentliche Christen müst ihr werden, wenn ihr euere Schiffe in Sicherheit, und euere Schafe auf gute Weide führen wollt; denn, das ist eine verdächtige Tugend, die das Licht und die Augen scheuet.

Aber frommer Vater, sagte Augustinus, welches ist der sichere Weeg zur Tugend zu gelangen? Kein kürzerer, antwortete Simplicianus, als die Keuschheit des Körpers, und die Reinigkeit der Seele lieben. Die Keuschheit des Körpers, widersetzte Augustinus, widerstreitet der Natur und dem Gesetze eueres GOttes; denn in der Erschaffung des Menschen sagte GOtt: Wachset und vermehret euch. Elender Schriftverständiger, seufzete Simplicianus; der Segen GOttes ist kein Befehl.

fehl. Und du muthwilliger Frey=Geist glaubest, die Welt und Menschen werden untergehen, wenn du nicht die ehrbare Welt durch deinen sündlichen Beyschlaf mit Mißgeburten und Bastarten befleckest? Die Unzucht redet aus dir, und nicht die Sprache der Natur. Der beleidigte alte Vater kehrte in seine Laube zurück.

Wie von einem Donner getroffen stunde Augustinus da; voll der Schame und der Zerrüttung seiner ganzen Seele kehrte er mit seinen Jünglingen nach Hause zurück. Von diesem Augenblick an trennete sich Evodius von den unentschlossenen Freunden. Er ware gerühret, er ware überzeuget; er eilte zu dem Brunnen der H. Taufe, um seine ganze Seele zu waschen. Und Augustinus? Wie ein Mensch, dem tausend Zweifel die träge Seele zerschneiden, kehrte er voll Bangigkeiten und Aengsten mit Alipio und Nebridio nach Haus. Dort warf er sich in einen Sessel. Alles, was er gehöret, wiederholte er aufmerksam. Wie ein Sterbender mit der Todes=Angst ringet, wie seine abscheidende Seele mit dem unerbittlichen Tod kämpfet; so runge die Seele

Augu-

Augustini mit den fürchterlichen Zweifeln, so ihm Potitianus, Ambrosius und Simplicianus, und noch über das die Thränen seiner Mutter erreget hatten. Der obere und der untere Mensch kämpften in ihm mit einer Stärke, die ihm Thränen aus den Augen, und einen kalten Schweis aus dem ganzen Körper presseten. Ach Alipi! Ach Nebridi! seufzete sein ringender Geist, Ach der Tod! Ach das erschröckliche Gericht! Wie? wenn ein GOtt, wenn eine unsterbliche Seele, wenn eine Ewigkeit wäre? wo werden wir hinkommen? So laß uns Christen werden, sagte Alipius: so laß uns tugendhaft leben, schrie Nebridius. Ach! Freunde, rufte der weinende Augustinus; Ich will, aber ich kan nicht. Ich ware schon entschlossen, heute noch ein Christ zu werden; aber, eine Stimme, ich weiß nicht, was es für eine Stimme ist, die rufet mir zu: Morgen, Morgen, Augustine, bekehre dich; Morgen werde ein Christ; Morgen fange an, tugendhaft zu leben. Und Morgen? Ach, Bruder! was werde ich, was soll ich Morgen thun? Dort sehe ich meine Freundinnen mit gerungenen Händen, mit weinen-

❊ ❊ ❊

den Augen mir zurufen: Auguſtine! Morgen, Morgen wilſt du uns verlaſſen? auf Ewig verlaſſen? O Auguſtine! ſiehe dieſen glühenden Buſen, wie er dir Liebe zuathmet; ſiehe dieſes flammende Herz, wie es für dich in Feſſeln ſchmachtet; ſiehe dieſe zarte Arme, wie ſie dir Wolluſt zuwinken; und dieſe, wilſt du verlaſſen? Ewig verlaſſen? Ach! Ich will, ich muß; doch ⸻ Ich kan nicht. Ach, Brüder! ich thue mir Gewalt an; ich bemühe mich aufzuſtehen; ich will zu dem Tempel der Chriſten eilen. Aber, wer hält mich auf? wer zupfet mich? Die Wolluſt, die Ehre, die Eitelkeit; ſie ſchreien mir nach: Uns, Auguſtine! uns wilſt du verlaſſen? Ewig verlaſſen? Ich muß ⸻ ich will ⸻ Doch ⸻ ich kan nicht. Brüder! was iſt dieſes? Habe ich denn einen zweyfachen Willen in mir? Sind denn zwey Auguſtini in mir? Ich bin es ja, der ſagt: Ich will; und wer iſt es, der in mir ſchreit: Ich kan nicht? ⸻ Mich elenden! Wer bin ich? wo bin ich? was thue ich? Ach! überlaſſet mich der folternden Angſt, überlaſſet mich dem ſtrafenden Kummer.

Victorinus! der gröſte der Wohlrednen? der eiferigſte Anbeter der

Götzen, der mächtigste Verfechter ihres Dienstes; der wird ein Christ? Und Augustinus, ein Lehrer der Wohlredenheit, ein Manichæer, ein Pyrrhonist, der kan nicht? Ja, ja, es ist entschlossen, Ich will. Er stehet auf, er ergreift die Sendschreiben Pauli, er schlägt sie auf, er lieset, stammlend lieset er diese Worte: Nicht in Glaubens-Zwist und Hochmuth des Geistes. Ich will, rufet er; Er liest fort: sondern ziehet an CHristum den Gecreuzigten. Augustine! er fraget sich selbsten; Kanst du das? Christum anziehen? den Gecreuzigten? Ich will, ja ich will; aber ‒ ‒ Ich kan nicht ‒ ‒ ‒ .

O mächtige Gnade! Jetzt, jetzt ist es Zeit; stürze den wankenden Bau nieder, den Unglauben, Hochmuth und Eitelkeit, aufgeführet. Göttliches Licht! zerstreue die Finsternissen, die seinen Verstand umnebeln. Mächtige Gnade! zersprenge die eisernen Bande, die Demantharte Sclavenketten der Gewohnheit, die den Willen Augustini binden. Heiliges Feuer! verzehre das stolze Herz, und brenne es in Aschen der Busse zusammen. Göttliche Allmacht! bekehre den stolzen Sünder.

So bate ich in der Stille; und so bette ich noch. Auch ihr AA. werdet euch des unentschlossenen Sünders erbarmen. Vereiniget euer mitleidiges Gebet mit dem meinigen. Seufzet mit mir: Erbarme Dich nach der Grösse Deiner Barmherzigkeit; Erbarme Dich seiner, O GOtt. Miserere mei Deus.

Fünfte Fasten-Rede.

Vorspruch.

Sed induimini Dominum Jesum Christum. Rom. XIII. v. 14.

Sondern ziehet den HErrn JEsum Christum an.

AA. Augustinus ist auch fort. Er ist nicht mehr zu Mayland; die ganze Gesellschaft seiner Freunde ist mit ihm. Nach Cassiciaco, einem Landgut seines Freundes Verecundi sind sie abgereiset. Ihr werdet denken, zur Veränderung und zum Wechsel des Wohllebens. Denn Lämmer und Stiere zeigen sich muthiger

ger auf freyen Fluren, als in ihren geschloſſenen Ställen; und Jünglinge, die gern in bunten Reihen tanzen, ſchwärmen lieber Zügelloß mit Kränzen von Roſen umwunden über die geblümte Wieſen, als in den ſtaubigten Tanz-Sälen. Dort fürchtet die Freyheit kein tadlendes Aug, und unter dem Schatten der in Lauben geſchlungenen Bäume ſcheuet die Wolluſt keine ſtrafende Zunge. Eine Wolluſt biethet der andern auf dem Lande die Hand, und in geſchloſſenen Reihen wechslen die Ergötzungen des vergnügten Land-Lebens.

Aber, dermalen betrügen euch euere Gedanken. Auguſtinus iſt nicht mehr der alte Auguſtinus. Ich habe es mit Augen geſehen. Bibliotheken von Romanzen ſind in Flammen und Rauch aufgegangen. Tapeten und Gemählde, auf denen alle Laſter blos, frech und ungeſcheuet der theuere Pemſel des Mahlers geſchildert hatte, und auf denen das ganze Ovidiſche Zeughaus der Liebe, und alle unverſchämte Verwandlungen der verliebten Götter und Göttinnen ausgedrücket waren, haben den Romainen in den Flammen Geſellſchaft geleiſtet. Der ſchönſten Venus, und der prächtigſten

tigsten Juno ist nicht verschonet worden. Spieltische und Spiel-Geräthe wurden entweder in dem Camin in Aschen gebrannt, oder auf dem verlassenen Schutt zerstreuet. Gläser und Trinkgeschirre in Scherben zertrümmert flogen aus den Fenstern; Köche und Aufwärter wurden beurlaubet. Die Saiten-Spiele hiengen stumm an den blosen Wänden, und die abgesprungene Saiten frist der Staub. Meretricula mit allen ihren schönen Gespielinnen haben einen traurigen Abschied bekommen, einen ewigen Abschied. Ohne Gesellschaft des andern Geschlechts ist Augustinus mit seinen Freunden schlecht, täglich gekleidet aus Mayland auf das Land-Gut Verecundi gezogen. Dort leben sie, wie Einsiedler, von dem Geräusche der Welt entfernet; Einsam leben sie. Dort liegt einer in dem grünen Schatten in tiefen Betrachtungen; dort kniet einer vor dem Bildniß des Creuzes, und betet die Buß-Psalmen; dort zerschneidet einer mit der Schaufel die trockene Schrollen der Erden, und der andere bethauet sie mit seinem spritzenden Giesser. Ihr würdet schwören, es wären Einsiedler,

die

❀ ❀ ❀

die ihre Hütten aus Thebaide in die Grenze von Mayland übersetzet.

Vielleicht erstaunet ihr über diese gehlinge Verwandlung? Und so lang wird sie euch auch unbegreiflich seyn, bis ich euch den mächtigen Sieg der triumphirenden Gnade über das stolze Herz Augustini erzehlet habe. Doch, wenn ich euch nur sage, Augustinus ist auf dem Einsiedlerischen Land-Gut in vollem Eifer beschäftiget, Christum den Gecreutzigten anzuziehen, so werde ich euch schon die ganze Verwandlung begreiflich gemacht haben. Aber, wie der so tief in dem Rausch der Wollust schlafende und zauberende Augustinus zu einem so mächtigen Entschluß aufgestanden; dieses wird euere Begierde reitzen, es umständlicher zu wissen. Ich bin bereit, euch diesen mächtigen Sieg der Gnade zu erzehlen, wenn ihr mit der gewöhnlichen Gedult meine Erzehlungen unterstützen werdet. Sie sind euerer Aufmerksamkeit würdig.

Aber Dich, O allmögende Göttliche Gnade, Dich flehe ich brenneiferiger, als jemalen, an; gieb meiner schwachen Zunge die Stärke, das Herz eines einzigen Augustini

stini zu rühren. Nein, O heilige Gnade, nicht meine Zunge, Nein, Du must das grosse Werk der Bekehrung wirken, wie Du es in Augustino vollbracht hat. Hat sein sündiges Beyspiel die Ausschweifungen so vieler Jünglinge und Töchter bishero entschuldigen können; Ach! so lasse nun sein leuchtendes Beyspiel der Bekehrung und Busse sie zu einer Nachfolge entflammen. Leite meine Gedanken und Zunge, daß sie dieses grosse und Dich so verherrlichende Werk so ordentlich schildern, daß ein jeder Augustinus, eine jede Melania in selbem sich selbsten getroffen empfinde. Wirke durch die Stimme Deiner Gnade so viel in ihren schlummernden Seelen, als sie in dem Herzen Augustini gewirket.

Dieses Gebet, AA. ware nothwendig, damit meine Reden nicht fruchtlos seyen. Da ich die Unordnungen Augustini bishero mahlte; gefiele das Gemählde eueren Augen. Da ich nun den Bekehrenden schildere, wird es euch mißfallen können? Gewißlich nicht, wenn euere Absichten mich zu hören aufrichtig waren. Und dieses muß die Gnade wirken, die ich anflehe.

P. I.

✱ ✱ ✱

P. I.

Der zweyfache Wille zankte noch in dem unentschlossenen Augustino. Der eine rufte ihm in die Ohren: Stehe auf Augustine! gleich stehe auf, denn die Stunde ist da. Bleibe liegen Augustine! lisplete ihm der andere in die Ohren: Morgen ist es auch noch Zeit. Und so schlummerte er immer auf seinem Sessel fort. Wie der faule Knecht, den der Herr in der Frühe-Stunde auf seiner Streue aufwecket: Stehe auf, rufet er, es ist Zeit. Er wachet auf, er dehnet die Arme aus, er wischt die Augen, er gähnet, er fraget, wie viel ist es Uhr? Es hat vier geschlagen, rufet der Herr. Vier sagt er träumend nach? O ja. Der Herr gehet fort; der Knecht wendet sich noch immer um; und, da er unentschlossen säumet, schläfet er wiederum ein, bis ihn der Herr mit einem derben Rippen-Stoß wiederum wecket. So schlummerte Augustinus auf seinem Sessel. Er hat diesen seinen Schlummer hernach selbsten in dem 8ten Buch seiner Bekenntnisse also beschrieben.

Da er noch so auf seinem Sessel schlummerte, und mit sich selbsten runge, kam

Poti-

Poticianus. Man weiß bis diese Stunde nicht, was Poticianus um diese Zeit bey Augustino zu thun hatte. Denn die Vorsicht sagt uns nicht, warum sie oft jenen zu uns, oder uns zu ihm führet. Die Folge hat es entwickelt, daß die erbarmende Gnade diesen Kriegs-Mann um diese Zeit zu Augustino geführet. Ach! daß doch andere Augustini dieser erbarmenden Gnade nicht widerstünden, wenn sie so glücklich einen Poticianum zu ihnen führet. Poticianus merkte, daß in den Gemüthern Augustini und Alipii (denn Nebridius ware ausgegangen) was wichtiges vorgehe, weilen sie so kalt und verwirrt ihn empfingen. Poticianus wuste selbsten nicht, was er wollte, oder sollte. Wie ein müßiger Mensch, der nichts in einem Zimmer zu thun hat, oder nicht thun kan, was er will; lehnte er sich an das Fenster. Nahe an demselben stunde der Spiel-Tisch Augustini. Es lage ein Buch auf selbem. Es waren die Sendschreiben Pauli; denn, da Augustinus den Poticianum hatte kommen hören, hatte er es unachtsam auf den Spiel-Tisch geworfen. Poticianus sahe nach dem Titul-Blat. Lächlend sagte er er: Auguſtine! die Sendſchreiben Pauli? O! wenn du doch auch einmal einen ſolchen Spruch in Paulo fändeſt, wie Antonius der Einſiedler einen in dem Evangelio gefunden. Wer iſt dieſer Antonius? was hat er gefunden? fragte Auguſtinus ganz haſtig. Wie ein Menſch, der ſich ſeiner Zerſtreuung ſchämet; Oder wie ein Menſch, der gern etwas anders erzehlen höret, um ſeine ſchwere und gehäßige Gedanken zu zerſtreuen. Du ſollt von dieſem Antonio, ſagte Potitianus, von dieſem groſſen Einſiedler ſollſt du nichts gehöret haben? Viele Antonii, antwortete Auguſtinus, ſind mir aus den Geſchichten bekannt; aber kein Antonius, der ein Einſiedler geworden. Und du, Alipi, haſt auch nichts von ihm gehöret? Nicht ein Wort: ware die kurze Antwort Alipii. Erzehle es uns, drunge Auguſtinus auf Potitianum. Antonius, ſagte dieſer, ware ein Jüngling, wie Ihr ſeyd; Er ware aus Adelichem Geblüt entſproſſen, wie ihr; Er ware reich an Einkünften, wie ihr; Er wurde von ſeiner Mutter in der Gottesfurcht erzogen, und zu den Tugenden angewieſen, wie du, Auguſtine, von Monica in deiner Kindheit

J biſt

bist angewiesen worden: nur mit dem Unterschied, daß er den Lehren seiner Mutter gefolget, du aber die gute Lehren deiner Mutter verachtet. In dem zwanzigsten Jahr seines Alters gieng er einmal nach seiner Gewohnheit in die Kirche, dahin gienge er fleißig: wo ihr niemalen hingehet; und dorthin gienge er niemal, wo ihr so fleißig hingehet. Auf dem Weg fiele ihm bey, da er sich so stolz gekleidet sahe, als wie ihr von Gold strotzet, wie die Aposteln und erste Christen aus Liebe GOttes alles verlassen, womit ihr Unwissende euer Gespötte treibet. Er kam in die Kirche, und hörte diese Worte singen: Gehe hin, verkaufe alles, gieb es den Armen, und du wirst ein Schatz in dem Himmel sammlen. Der Jüngling meinte, die Worte seyen zu ihm geredet. Er gehet nach Haus, verkaufet seine Güter, behält nur das Nöthige zu seiner und seiner Schwester Unterhalt, und theilet das Uebrige den Armen aus. Er kommt wieder in die Kirche, und höret die Worte von dem Priester singen (denn er ware aufmerksamer, als ihr Jünglinge seyd) seyd nicht sorgfältig auf den morgenden Tag. Suchet zuerst das Reich GOttes,

denn

denn das Uebrige wird euch der himmlische Vater alles zuwerfen. Er vermeinte, er habe gefehlet, daß er sich das Nothwendige zurück behalten. Er übergiebt seine Schwester einigen frommen Jungfrauen zur Erziehung, verläßt alles, eilet in die Einöde, wohnet in einem dunklen Grab, wo ihn täglich ein armer Einsiedler einige Bissen Brods und einen kalten Trunk Wasser zur Nahrung bringt. Dort betet, betrachtet, und dienet der fromme Jüngling GOtt. 85. Jahre hat er in dieser strengen Einöde zugebracht, und in dem 105ten Jahr seines Lebens ist er unter den Chören der Engel zu seinem Lohn übergegangen. Sein Leichnam ware noch so gesund, so frisch, so blühend, wie in dem 20sten Jahr seines Alters. Das ist ein Gedicht, sagte Alipius: denn Augustinus ware über diese Erzehlung so gerührt, daß er nicht reden konnte. Jünglinge, sagte Potitianus, es ist kein Gedicht; viele Tausend haben ihn gesehen, mit ihm geredet. Zweyhundert haben auf einmal, von seinem Beyspiel und seiner Wohlredenheit bewogen, die Welt verlassen. Diese und viele andere haben als beaugte Zeugen sein Leben auf-

gezeich-

gezeichnet; und sein Ruf ist noch in seiner Lebens-Zeit durch Frankreich, Italien, Africa, ja durch die ganze Welt gedrungen. Er hat die Aegyptische Einöde mit tausend Einsiedlere bevölkert, und nach seinem Beyspiel und Lebens-Regeln sind unzählige Klöster der Einsiedlere in allen Welt-Theilen errichtet worden. Dieses ist nicht glaublich, ja nicht möglich, was du erzehlest, sagte Alipius. Denn Augustinus ware noch immer stumm, wie ein Mensch, der sich selbsten für Verwunderung nicht kennt. Es soll nicht möglich seyn, erwiederte Potitianus, da hier in der Stadt Mayland ein ganzes Kloster voll dieser frommen Einsiedler und Diener GOttes unter der Regel Antonii lebt? Hier in Mayland, fragte der erstaunte Alipius? Und wir, Augustine, haben von diesen Leuten in Mayland noch nichts gehöret? Es ware kein Wunder. Denn Jünglinge, die bey Tage an vollen Tafeln schwärmen, bey Nacht in den Armen der Weiber liegen, und berauschet erst um die Mittags-Zeit aufstehen, bekümmern sich wenig um die Mönchen. Augustinus, wie ein Mensch, dem die Zunge gebunden, ant-
worte-

wortete mit einer verwirrten Miene. Was braucht es, sagte Potitianus? Ihr werdet mir doch nicht läugnen, was ich selbsten mit Augen gesehen, was das Beyspiel Antonii in eueres gleichen Jünglingen vermocht. Ich ware in meiner Jugend mit dem Kayserlichen Hof nach Trier verreiset. Der Kayser erlustigte sich eines Tages in den Nachmittagstunden an den blutigen Circensischen Schauspielen. Ich und noch drey von den Hof-Herren, die wir alle vier Kriegs-Leute waren, und an muthwillig vergossenem Blut keinen Wohlgefallen trugen, giengen in den umliegenden Gärten indessen spatzieren. Wir vertheilten uns. Zwen stiessen auf ihrem Spatzier-Weg auf eine niedere Hütte, in welcher solche Antonische Einsiedler wohneten. Aus Vorwitz setzten sie sich nieder, und der eine ergriffe das Buch, so auf dem Tische lage. Er schlug es auf, er fande das Leben Antonii. Er lase es, aufmerksam lase er es durch, und wiederum lase er es durch. Ein schamhaftes Feuer stiege ihm in das Angesicht. Thränen schossen ihm in die Augen. Er sahe seinen Freund an; mit einem heiligen Zorn sagte er zu ihm: Bruder! was für

Thoren sind wir? wie mühselig dienen wir dem Kayser? Und um was dienen wir niederträchtige Sclaven? Um eine zerbrechliche Gunst, um eine augenblicklich verrauchende Freundschaft dienen wir ihm. Mit der Gefahr unsers Lebens dienen wir; und wenn wir Schlacht-Opfer des untreuen Krieges werden, ist die Hölle unser Lohn. Und hier in der Stille, in der Ruhe, in der Sicherheit kan ich ein Freund GOttes seyn. Er liest das Leben Antonii noch einmal, er denket nach, er stehet auf, umarmet seinen Freund; Bruder, es ist beschlossen, ein Freund GOttes will ich werden; hier in dieser Hütte will ich leben: Wilst du, so bleibe; wilst du nicht, so störe meinen Vorsatz nicht. Und ich soll dich unter der Fahne GOttes verlassen, da ich mit dir unter der Fahne eines Menschen gedienet? Ich und mein Freund, fuhre Pocitianus fort, suchten die beyde auf; denn der Tag neigte sich, und der Dienst des des Kaysers foderte uns zurück. Wir trafen sie in zarter Umarmung, in Thränen trafen wir sie an. Kommet Brüder, sagte ich, das Schauspiel wird zu Ende gehen (denn wir wusten nicht, was vorgegangegangen) Wie erstaunten wir, da sie sagten, sie hätten einen grösseren Kayser gefunden, dem sie aufzuwarten hätten. Sie erzehlten uns, was sie entschlossen seyen, und baten uns, wenn wir nicht dem nemlichen Herrn dienen wollten, so solten wir wenigstens ihre Vorsätze nicht stören. Wir konnten sie keines andern bereden; wir beurlaubten uns, wir empfahlen uns ihrem Gebet. Mit Thränen in den Augen kehrten wir in den Pallast zurück; denn wir hatten uns verspätet; wir erzehlten den wunderbaren Vorgang den Gemahlinnen unserer Freunde; wir glaubten, diese beredtsame Schönheiten würden unsre Freunde eines anderen bereden; aber, wie wunderten wir, da wir vernommen, daß die Gemahlinnen von unseren Freunden überredet worden, und, daß sie in einem zu Trier blühenden Frauen-Kloster das Gelübde der ewigen Keuschheit abgeleget. So meinte ich, Augustine, beschloß Potitianus seine Rede; würdest du einmal in diesem Sendschreiben Pauli einen Spruch finden, der dich, wie Antonium, einen Jüngling, wie du, zu einem besseren Leben bekehrte. Sie waren

stumm;

stumm; Potitianus legte das Buch wieder auf den Tisch, und gienge fort.

Kaum ware Potitianus entfernet, so sahe sich Augustinus wie einer, der von einem tiefen Schlaf erwachet, in dem Zimmer um; und, da er Alipium allein sahe, sprang er von seinem Sessel auf, und liefe auf Alipium zu; die Wangen waren aufgeschwollen, die Augen voll Feuer mit heissen Thränen umflossen, die Stirn ernsthaft, die Zunge stammlete wie einem, der in dem Eyfer schnell reden will. Alipi, schrie der verworrene Augustinus, wo sind wir? was hast du gehöret? was ist das? Die Dumme, die Einfältige stehen auf, reissen uns den Himmel vor den Augen hinweg; und wir mit unserer Gelehrtheit, ohne Herzen, ohne Geist, ohne Leben welzen uns in Fleisch und Blut, in Sünden und Unzucht herum. Wollen wir uns schämen, ihnen nachzufolgen, weilen Sie uns vorgegangen? Oder, müssen wir uns nicht schämen, wenn wir ihnen nicht nachfolgen, da sie uns vorgegangen? Antonius, ein Jüngling, wie wir? Reich? Adelich? zwanzig Jahr alt? ‒ ‒ Ein Einsiedler ‒ ‒ In einem Grab ‒ ‒ 105. Jahr alt, und blühend,

hend, wie in unserer Jugend ꝛ ꝛ 200. fol=
gen nach ꝛ ꝛ 1000. und noch mehr ꝛ ꝛ
Kriegs=Leute ꝛ ꝛ Hofherren ꝛ ꝛ zarte Ge=
mahlinnen ꝛ ꝛ Ewige Keuschheit ꝛ ꝛ Alipi!
was stehen wir da? Er wuste selbsten nicht,
was er reden konnte oder sollte. Alipius
schauete ihn mit erstarrten Augen an, wie
einen Menschen, der auser sich redet; und
da Alipius nicht antwortete, warfe er sich
in seinen Sessel. Ach! Alipi! ach Alipi!
seufzete er nach langen Stillschweigen auf!
ach! wie häßlich, wie abscheulich komme ich
mir selbsten vor! Wie voll der Beulen, der
Wunden, der Mackeln, der Flecken sehe
ich aus? Ich will dieses Abentheuer fliehen;
und es eilet mir nach. Ganz in seiner gan=
zen gräßlichen Gestallt stellet es sich überall
meinen Augen dar. O Alipi! siehe her,
siehe, betrachte den häßlichen Augustinum!
Die Seele; so mißgestaltet. Hier ist kein
Zug, der seinem Urbild gleichet. Sie soll
ein Geist seyn. Fleisch, Koth, Staub, Er=
den ist sie geworden. Der Verstand, voll
der Finsternissen, der Irrthümer, der un=
richtigen, der falschen Begriffe. Der Wil=
le. O! In welchen eisernen Banden der
Gewohnheiten liegt er gefesselt. Ich will;
und

und was ich will, will ich nicht. Welches Abentheuer eines Willens. Befiehlt der Wille, die Hand zum Bösen zu bewegen; sie eilet dem Befehl vor; befiehlt dieser nemliche Wille, die Hand von dem Bösen zurück zu ziehen; dort hängt sie unbeweglich: hartnäckig ist sie ungehorsam. Ist nun dieses der nemliche Wille, der befiehlet? Die Sinnen; O die Sinnen! Die Augen laufen der Schönheit bis in die Seele nach; und dort sind sie blind, die Häßlichkeit nicht zu sehen. Die Ohren; wie leis hören sie, wenn sie Bosheit und Schmeicheley; wie taub, wenn sie Wahrheiten hören? Die Zunge; wie beredsam, wenn sie eitel; wie gebunden, wenn sie ehrbar reden soll? Der Geschmack; wie bezaubert in Mahlzeiten, wie rauschig, wie durstig zu vollen Bechern? Der Körper; Pfuy! wie befleckt von Unzucht, vom Beyschlaf. Das Herz; welches wimmlende Nest der Schlangen und Krotten der schändlichen Gedanken! Ach, Alipi! Ich zittere, ich bebe für mir selbsten; und so häßlich bin ich schon 13. Jahre gewesen, von jener Stunde an gewesen, da ich in meinem 19ten Jahr den Hortensius des Cicero gelesen,

und

und mich zur Tugend und Weisheit entflammet gespühret; und ich habe die Abwege gesuchet, und die Thorheit gefunden. Ach, Alipi! Ich stehe auf, ich muß aufstehen, und zu einem andern Leben muß ich aufstehen, wenn ich nicht lebendig tod seyn will.

Augustinus stunde auf. Wie ein Mensch, der fliehen will, und den hundert Hände aufhalten, und hundert zurück ziehen; so kämpfend suchte er durchzudringen: und er stunde immer da. Alipius sahe es ihm an, daß seine ganze Seele kämpfete, aber er redete nichts. Denn, was sollte er reden? Die Reden des andern sind überlästig, wenn man mit sich selbsten so vieles zu reden hat. Endlich gehet er fort. Schritt vor Schritt schliche ihm Alipius nach; denn Augustinus gienge langsam, wie ein Mensch, der vieles zu denken hat; und jeden Schritt machte ihm die Versuchung oder sein eigener Wille strittig. Er gehet in den Garten. Weit von dem Hause entfernet setzet er sich auf einen Wasen, und das Buch der Sendschreiben Pauli, so er unwissend in seinen Händen dahin getragen, leget er nieder. Alipius setzet sich zu ihm, und

und schweiget. Augustinus betrachtet sich wiederum; er siehet sich innen, er betrachtet sich aussen; er murmelt zwischen den Zähnen: Wie häßlich siehest du, Augustine! aus, wenn du dich gegen Antonium, gegen die Einsiedlerische Freunde Potitiani, gegen ihre zarte verlobte Gemahlinnen hältest. Du voll der Sünden, voll der Eitelkeiten, voll des Hochmuthes, voll der Unzucht, voll des Beyschlafes. Und diese? voll der Tugend, voll der Eingezogenheit, voll der Reue, voll der Busse, voll der Heiligkeit. Glänzend stunden ganze Schaaren der Einsiedler um ihn her, und luden ihn zur Tugend ein. Aber gehling erschienen alle Wollüste, Freunde und Freundinnen, Kränze der Ehre, Schätze der Reichthümer krameten sie vor seinen Augen aus. Und diese alle, Augustine, diese alle wilst du, diese alle kanst du verlassen? Ewig verlassen? Sie schmeichlen ihm, sie liebkosen, sie ruffen, sie winken. Augustine, so lispelten sie in die Ohren, kanst du? ein Einsiedler werden? Ewige Keuschheit halten? Aus der Gesellschaft deiner Freunde, deiner Freundinnen verbannet seyn? Augustine, rufen die andern in das andere Ohr;

※ ❀ ※

Ohr; und du sollst nicht können, was wir können? was diese zarte und schwache Gefäse können? Ein Mann? schämest du dich nicht? Ja, ich will, schreyet er; und er will aufstehen: Wer hält mich, ruft er? Er bleibt sitzen, und seufzet. Nein, nein, ich kan nicht. Du kanst nicht? du kanst nicht, was andere können? Ja, ich kan. Nein, ich kan nicht. Komme, komme, du kanst: Bleibe, bleibe, du kanst nicht. Ach! Alipi! Er wollte reden; aber ein aufsteigender Prast erstickte die Sprache, und ein Strom der Zähren flosse in die Augen. Er stunde auf. Mit nassen von Zähren verdunkelten Augen stolperte er fort. Er warfe sich unter einen Feigenbaum; dort lage er, wie ein Mensch, der auf einer Folter liegt, und jetzt schmerzhaft in die Höhe gezogen, jetzt schmerzhafter in die Tiefe gelassen wird. Er heulte, wie ein Elender, dem Stöse auf Stöse das Herz zerschmettern. Er badet sich in Thränen, er schreiet: Augustine! wie lang Morgen, wie lang Morgen? warum nicht heut, warum nicht jetzt? Er schweiget. Er höret singen. Er wird aufmerksam. Er höret singen, Englisch singen; er kan es nicht unter-

terscheiden. Ist es die Stimme einer Sängerinn, oder eines Knabens? Wiederholter singet sie: Hebe auf, und lies: Hebe auf und lies. Er richtet sich auf, er denket nach. Wohnen denn Leute in diesen Gegenden? Niemand, sagt er: Der Garten ist ja abgelegen. Können vielleicht Kinder in der Nähe seyn, die singend spielen? Nein; so kenne ich kein Gesang eines Spieles, sagt er; und dieser Garten ist zu weit von Menschen entfernt. Indessen singet die Stimme immer reizender: Hebe auf, und lies. Wie? sagt er, und ein guter Geist sagte es ihm, wie? wenn es eine Stimme GOttes wäre, die mir etwas, wie Antonio, zu lesen befähle? Er stehet auf, er trocknet seine Thränen ab. Er eilet zu Alipio, (denn bey seinen Füssen hatte er sein Buch liegen lassen) eilends hebt er es auf, er schläget es blind auf, und lieset die ersten Worte auf der rechten Seite in der Stille: Nicht in Mahlzeiten und Trunkenheiten, nicht in Schlafkammern und Unzucht, nicht in Zank und Heucheley; sondern ziehet an den HErrn JEsum Christum, und traget keine Sorge eueres Fleisches in den Begierlichkeiten. Genug, sagt er. Er bezeich-
net

net das Blat, schleußt es zu, siehet Alipium an, der nicht wuste, was er denken oder sagen sollte. Wie ein Mensch, der gehling aus einem tiefen Schlaf erwacht; wie ein Mensch, der in einer schwarzen Nacht ein helles Licht um sich siehet; wie ein Mensch, dem gehling die Bande und Fesseln von den Händen fallen, und er sich in Freyheit siehet; wie ein Mensch, der lang mit den Schiffbrüchigen Fluten auf der Höhe des Meeres gerungen, und sich gehling an dem Ufer ausgesetzet siehet; wie ein Mensch, der lang mit schweren Zweifeln gekämpfet, und nun gehling einen tapfern Entschluß gefasset: so sagt er freudig und ruhig: Alipi, ich will, Alipi ich kan. Ich will fromm, ich will tugendhaft, ich will heilig leben. Ja, Alipi, ich will, ich kan. Ich hab er gelesen: Nicht in Mahlzeiten und Trunkenheiten ꝛc. Alipi, ich will, ich kan. Der Schluß ist gefast; fast unverbrüchlich ist es gefast. Alipius winkte ihm, das Buch zu geben; denn er konte noch nicht für Erstaunung reden. Augustinus reichte es ihm; er liest die Worte; er liest weiter: Nehmet aber auf den Schwachen in dem Glauben. Nehmet aber auf den
Schwa=

Schwachen in dem Glauben, lösen sich die Bande der stummen Zungen Alipii: Freund! das gehet mich an. Er springt auf, er umarmet Augustinum; Ja, Freund! Ich bin der Schwache. Du must mich aufnehmen. Waren wir unzertrennlich auf der Bahn der Wollust, des Irrthums; so lasse uns nun unzertrennlich die Bahn der Tugend und Wahrheit antretten. Sie umarmten einander wiederum, und schworen dem HErrn eine ewige Treue, und sich eine ewige Liebe. Arme in Arme geschlungen eilten sie aus dem Garten zu Monica, die in Thränen zerflosse. Weine nicht, beste der Mütter, rufte er der weinenden noch von Ferne zu. Deine Thränen sind erhöret. Ich bin nicht nur ein Christ; sondern auch ein freyer; Ein ewig keuscher Diener GOttes will ich seyn. Sie erzehlten den ganzen Verlauf ihrer wunderbaren Bekehrung und des geschwornen Entschlusses. Hier wallte das Herz Monicæ auf; und hätte es sich nicht in einen Bach der Zähren ausgeschüttet; die Freuden würden es erstickt haben. Preiset den HErrn! preiset seine Gnade. Dieses ware alles, was sie reden konnte.

P. II

※ ※ ※

P. II.

Selbige Nacht wurde in Freuden-Zähren, in Gebet, in Betrachtungen der elenden Materie des sündlichen Fleisches, und der Freyheit eines frommen und tugendhaften geistlichen Lebens, und in den süssesten Gesprächen, von der Güte und den Erbarmnissen GOttes zugebracht; dann höher konte sich das bis hieher an dem Staub und Koth der fleischlichen Gewohnheiten klebende Herz Augustini noch nicht aufschwingen. Kaum ware der Tag angebrochen, so eilete Augustinus mit Alipio zu ihrem greisen Vater Simpliciano. Da er zu dem Tempel kame, gienge er, wie ein beschämter Publican in einen Winkel desselben. Er warfe sich auf seine Knie, und in dem Geist betete er also: Grosser, unendlicher GOtt! Wer bin ich? Wer bist Du? Ich ein Abgrund der Sünden und des Elendes, und Du ein Abgrund der Vollkommenheit und Barmherzigkeit. Du hast die eisernen Bande meines verkehrten Willens zerrissen, und mich in die Freyheit gesetzet. Meine Seele ware tod, und Du hast sie zum Leben erwecket. Mein Herz lage in einem Abgrund versenket, und Du hast

haſt es aus der Tiefe geriſſen. Mein Verſtand lage in Finſterniſſen; Du haſt ihn mit einem hellen Licht erleuchtet; und ich ſehe meine Abſcheulichkeit, und deine Schönheit, Dich ſehe ich, und kan Dich nicht begreiffen. In welchen andern Menſchen haſt Du mich verwandelt! Die Begierden der Ehren, die Begierden der Reichthümer, die Begierden des Fleiſches, alle, alle ſind aus meinem Herzen verſchwunden, Du haſt ſie hinaus geworfen, und biſt an ſtatt ſelber in mein Herz eingekehret. Ich fühle Dich, ich empfinde Dich, mein Herz flammet in Deiner Liebe, die ich nicht kenne. Wie ſüß biſt Du! Ich lobe Deine Güte, ich preiſe Deine Barmherzigkeit, ich danke Deiner Erbarmniß. Amen. Er ſtehet auf, ſuchet Simplicianum, er wirft ſich zu ſeinen Füſſen, und redet ihn alſo an: Heiliger Vater! du ſieheſt Auguſtinum, aber nicht mehr den alten, den verwegenen Auguſtinum. Die Hand GOttes hat Barmherzigkeit an mir gethan. Die Worte Pauli: Nicht in Mahlzeiten und Trunkenheiten, nicht in Schlaffkammern und Unzucht, nicht in Zank und Heucheley; ſondern ziehet an den HErrn JEſum Chriſtum;

stum; die ich aus Geheis einer göttlichen Stimme gelesen, haben mein ganzes Herz umgekehret. Die Zweifel sind verschwunden; und ich suche die Wahrheit, die ewige Weisheit. Du, heiliger Vater, du must uns unerfahrnen die Gesetze eines frommen Lebens vorschreiben, du must uns unterrichten, wie wir JEsum CHristum, den wir lieben, aber nicht kennen, anziehen sollen. Der HErr seye gebenedeyet, antwortete der von Freuden durchdrungene alte Vater, der an euch Wunder der Barmherzigkeit gewirket hat; und der euch den Willen gegeben, mache vollkommen, was er in euch angefangen. Ihr verlanget Lebens-Regeln, ihr verlanget Vorschriften, wie ihr JEsum CHristum anziehen sollet; und sehet, in den Worten Pauli lieget die ganze Vorschrft. Ihr sollet nicht in Mahlzeiten und Trunkenheiten, nicht in Pracht, Hochmut und Eitelkeit, sondern in Enthaltsamkeit und Nüchternheit, in Demuth und Armuth wandeln, so, wie der Sohn GOttes in Armuth gebohren, gelebt und gestorben. Ihr sollt nicht in Schlafkammern und Unzucht, sondern in Keuschheit des Körpers, und der

Reinigkeit der Seele leben, wie der Sohn GOttes rein und keusch ware, der aus einer Jungfrauen gebohren, und der einer Jungfrau Joannem zu seinem vertrauten gemacht hat. Ihr sollt nicht in Zank und Uebermuth, sondern in dem Gehorsam eure Vernunft, wie Paulus sagt, dem Glauben unterwerfen, wie der Sohn GOttes seinem himmlischen Vater biß zu dem Tod des Creutzes gehorsam gewesen. Söhne! Ihr werdet noch keine Begriffe von diesem vollkommenen Leben JEsu CHristi erhalten, biß ihr euer Herz, eure Seele, euren Geist durch Gebet und Betrachtungen in der Einsamkeit werdet zubereitet haben. Ihr müst erst den Grund legen, wenn ihr das Gebäude der Tugend aufführen wollet. Gehet also hin, entfernet euch von dem Geräusche der Welt, fliehet in eine Einsamkeit, bereitet euch durch Busse, durch Lesung der göttlichen Schrift, und anderen geistreichen Bücher, durch Gebet und Betrachtungen zu der H. Tauf; und alsdann fanget ein neues Leben an, nemlich das Leben JEsu CHristi. Augustinus und Alipius dankten dem heiligen Greisen für seine gute Lehren, und versprachen noch selbigen

Tag

Tag aus Mayland in die Einsamkeit zu fliehen. Sie giengen fort. Wo fliehen wir hin, Augustine, sagte Alipius auf dem Weeg zu selben, da er still nachgesonnen hatte, wohin er sich verbergen wollte. Mir ist beygefallen, antwortete Augustinus, unser Freund Verecundus hat ein einsames Land-Gut Casiciaco genannt; wir wollen ihn ersuchen, daß er uns selbiges zu einem Aufenthalt vergönne. Alipius billigte den Gedanken; sie gehen zu Verecundo, sie entdecken ihm ihren Vorsatz. Ich verzweifle, rufte Verecundus aus (denn er ware einer von den lustigen Mayländischen Freunden Augustini, die wir zeithero in seiner muntern Gesellschaft gefunden) Ich verzweifle, schrie er, wenn ihr euch ewig von mir trennen wollet. Doch, mein Landgut ist euer; gehet hin, schwitzet diese traurige und niederträchtige Gedanken aus; ihr werdet euch schon eines besseren bedenken, und bald, sehr bald werdet ihr zu euren alten Freunden zurückkehren. Jünglinge von einem solchen Alter wollen Narren werden? Einsiedler will ich sagn; sie wollen ihre eigene Mörder werden? Mich lächert es. Augustinus antwortete nichts;

denn

denn er ware froh, daß er Erlaubniß hätte, das Landgut seines Freundes zu beziehen. Sie umarmten einander; scherzend wünschte Verecundus seinen Freunden Glück auf die Reis in die Einöde. Die Reise in das heilige Land wird doch heut nicht angehen, rufte ihnen Verecundus nach? Heut noch, antwortete der vor Freuden nach Haus fliegende Augustinus. Er erzehlte seiner frommen Mutter, was Simplicianus gesagt, was er und Alipius entschlossen, und was ihnen Verecundus erlaubet. Du must uns begleiten, sagte Augustinus, du must in der Einsamkeit unsere Mutter und unsere Lehrerin seyn. Freuden-Zähren waren das Ja-Wort. Die schleunige Anstalten wurden zur Abreise vorgekehret; die zweyte Melania wurde mit einem reichen Heyrath-Gut beschenket; ihre Kammer-Mägde reichlich belohnet, aber sie musten gleich das Haus räumen. Köche und Bediente bekamen Lohn und Abschied; die Thorheiten, die ärgerten, wurden in das Feuer geworfen; die Eitelkeiten zertrümmert, und das brauchbare Haus-Geräthe den Armen ausgetheilet. Augustinus legte sein Red-Amt in die Hände des

Magi-

Magiſtrats nieder; er ſagte, ſie ſollten der Jugend einen anderen Wörter-Krämer, und einen andern Wort-Verkaufer vorſetzen; die Beſchwehrlichkeit zu athmen, und die Schwäche ſeiner Bruſt, die ihn wegen der Unordnung ſeines Geblütes damalen beläſtigten, erlaubten ihm nicht mehr, den Red-Stul zu beſteigen. Nebridius, der wegen ſeines Lehr-Amts in Mayland zurück bliebe, muſte nach ſeiner Abreiſe dieſe Beurlaubung ausrichten. An dem Abend reiſete die Geſellſchaft nach Caſſiciaco ab. Sie beſtunde in Monica, in Auguſtino, ſeinem Sohn Adeodato, Alipio ſeinem Freund, in Navigio ſeinem Bruder, in Leſtidiano und Ruſtico ſeinen Vettern, die Monicam und Navigium aus Africa nach Mayland begleitet hatten, und in Trygetio und Licentio; Jünglinge, die ſeiner Auferziehung anvertrauet waren. Er hatte dieſen ſo wenig, als ſeinen übrigen Freunden ſeine heilige Abſichten entdecket, weilen ſie viel zu eitel, viel zu irdiſch, viel zu fleiſchlich waren, einen Begriff von dem geiſtlichen Leben, oder einen Geſchmack an der Einſamkeit zu finden. Es ware genug, daß es hieſſe, ſie giengen auf das Land.

K 4 Sie

Sie sahen es für eine gewöhnliche Lust-Reise an, und freudig, springend und hüpfend wanderten sie mit nach Cassiciaco.

Aber, wie wunderten sie; und wie viele von Euch, A A. werden mit Licentio und Trygetio wundern? Da sie andern Tages Morgens Augustinum so feurig auf gebogenen Knien mit gefaltenen Händen, mit zur Erden gehefteten Augen zu GOtt beten sehen (denn, so hatte ihn Monica seine Mutter beten gelehret) wie wunderten sie, da sie nach dem Gebet Augustinum hörten einige Stellen aus den Sendschreiben Pauli, und aus den Psalmen Davids lesen; und hernach sahen, wie sich die Gesellschaft trennete, und dort Monica, hier Augustinus, dort Alipius in tiefen Betrachtungen über die gelesene Worte unter dem Schatten der Bäume entzücket lagen, und jetzt Thränen aus den Augen, jetzt Seufzer aus dem Herzen brechen sahen, und höreten. Wie wunderten sie, da nach einer Stunden-langen Betrachtung Augustinus sie mit Adeodato zu sich forderte, und ihnen Lehren der Wissenschaften gabe, die er nicht mehr mit Fabeln der Dichter, nicht mehr mit Geschichten der Heyden,

den, nicht mehr mit Grundsätzen der feinen Welt, sondern mit Gesprächen von GOtt, von der Unsterblichkeit der Seele, von der Schönheit der Tugend und ihrem zukünftigen Lohn in dem Himmel, von der Häßlichkeit der Laster, und ihrer ewigen Strafe der Höllen würzete und beleuchtete. Wie wunderten sie, da Augustinus ihnen nach der Lehr-Stunde befahle, entweder mit Schaufel und Grabscheid die Erde des Gartens umzuwühlen, das Unkraut auszujäten; oder, wenn die Arbeit ihren zarten Fingern zu eckelhaft, ihren Leib mit ehrbaren Bewegungen zu üben. Wie wunderten sie, da sie zum Tisch gerufen wurden, und auf selbem nichts als Schüsseln mit abgekochten Kräutern, mäßig getheilten Fleisch oder Fischen an gewissen Tagen, und ein Körbgen voll Garten-Früchte tragen sahen, und in armen Geschirren den Wein mit Wasser vermengt kosteten. Wie wunderten Sie, da man vor dem Niedersitzen mit gefaltenen Händen GOtt so inbrünstig um den Segen der Speisen anflehete. Wie wunderten sie, da alles still und eingezogen da saße, und kein zweydeutiges Wort, kein Name eines Weibes, keine Rede von

von dem Nächſten, kein Tadel der Frem⸗
den den Umſitzenden entfiele, und kein an⸗
deres Geſpräch, als von der Beſſerung des
Lebens, von der Liebe GOttes und von
den ſchönen Sitten auf die Bahn käme.
Wie wunderten ſie, da nach der klemmen
Mahlzeit ſo mäßig und nüchtern aufge⸗
ſtanden, und ſo eingezogen und andächtig
dem HErrn für ſeine Gaben gedanket wur⸗
de. Wie wunderten ſie, da ſie nach dem
Speiſen ſo ſtill und ehrbar in der ganzen
Geſellſchaft, in den Gängen des Gartens
auf und abgehen muſten, und keine andere
Geſpräche, als von Beſſerung der Sitten
vorfielen. Wie wunderten ſie, da ſie wie⸗
der zur Lehr⸗Stunde gefordert wurden,
und ihr Lehrer mit ſo ernſthaften Ermah⸗
nungen ſie zur Weisheit und Tugend, wie
an dem Morgen, anwieſe. Wie wunder⸗
ten ſie, da nach der Lehr⸗Stunde die Ge⸗
ſellſchaft ſich ſammlete, und nach einem
lehrreichen, heiligen Geſpräche die Leſung
der geiſtlichen Bücher und der Betrachtun⸗
gen wiederholet wurde. Wie wunderten
ſie, da hernach die Hand⸗Arbeit in dem
Garten vorgenommen, und endlich an dem
geſegneten Abend⸗Tiſche nichts, als eine

kalte

kalte Speise und Garten-Früchte vorgesetzet wurden. Wie wunderten sie, da nach abgestattetem Dank dem Geber alles Guten die Gesellschaft bey der Abend-Röthe auf den um den Mayerhof liegenden Fluren und Wäldgen in einem einsamen Spaziergang in allen Geschöpfen, die unter die Augen kamen, GOtt und seine Vollkommenheiten gelobt, bewundert und gepriesen wurden. Wie wunderten sie, da Augustinus sie bey der Zurückkunft ermahnete, ihre Gedanken, Worte und Werke des Tages zu durchforschen, die unanständige zu bereuen, Verzeihung und Gnade von GOtt zu bitten, um selbe zu besseren, und die guten zu vermehren. Wie wunderten sie, da sie wie sie nach einem langen Gebet auf den Knien zur Ruhe verwiesen wurden, Einsiedlerische Schlafkammern, arme Matratzen, und alle Dürftigkeiten fanden. Wie wunderten sie, da sie in der Nacht Augustinum seine Sünden beweinen höreten, die Psalmen beten, oder schlaflos Bücher, heilige Bücher schreiben sahen. Und, wie wunderten sie, da sie diese strenge Tages-Ordnung andern Tages, und hernach Wochen-lang erneuret sahen. Denn, Monica

nica hatte sie angegeben, und die frommen Freunde beobachteten sie mit Augustino unverbrüchlich in ihrer Einsiedlerey. Sehet, so viel kan die Lehre und das Beyspiel einer klugen und frommen Hausfrau.

Nur Trigetio und Licentio wollte diese schöne Ordnung nicht in den Kopf. Sie fanden keinen Geschmack an dem Gebet, sie hatten keinen Geist zum Betrachten. Die Mäßigkeit und Nüchternheit waren ihnen eckelhaft, die Einsamkeit verdrüßlig, die Entfernung von aller Gesellschaft, von allem Besuch, und zwar jenem des andern Geschlechtes, unerträglich. Sie wurden ungedultig, sie murreten öffentlich, sie lachten unter dem Gebet, sie scherzten unter den Betrachtungen, sie trieben Muthswillen unter dem Spazieren, sie wurden eifersüchtig in den Lehr-Stunden. Trygetius hatte gefehlet in seiner Aufgabe, er wollte seine aufgezeichnete Worte ausgelöschet haben. Licentius behauptete, sie müsten zur ewigen Beschämung Trygetii stehen bleiben; sie wurden uneinig, und die stolze feuerige Köpfe wollten mit den Klingen den Streit entscheiden. Augustinus sahe sie ernsthaft an: was ist dieses Jünglinge?

linge? sagte er; sind mit meine Wunden noch nicht genug? wollt ihr die meinige mit den eurigen vermehren, um eine Thorheit, eine Eitelkeit? Trygetius wurde roth, Licentius lachte. Was thut ihr, Elende? O! wenn ihr die Gefahren mit triefenden Augen, wie ich, sähet; weinen würdet ihr, häufige Thränen würdet ihr weinen, und nicht lachen. Ist dieses die Besferung, die ich mir von meinen Lehren versprache? Ihr kennet meine Liebe, meine Sorgfalt, meine Hochschätzung. Seyd ihr eurem Lehrer Dank schuldig, so seyet gut, seyd tugendhaft, seyd fromm. Und was haben wir dann gethan? fragte der nasenweise Licentius. Und du fragest noch, seufzete Augustinus; und ihr erkennet euere Sünde nicht? Ihr seyd krank, tod krank; und ihr erkennet euere Gefahr nicht? Wie dem Kranken alle auch die beste, auch die gesündeste Speisen eckelt, so eckeln euren Seelen, euren von Wollust, von Eitelkeit, von Hochmuth kranken Seelen an der Tugend, an der Frömmigkeit, an der Andacht. O! wie vergrössert ihr mein Elend! Mich Elenden! muß ich das noch sehen, daß den ausgerotteten Lastern
die

die Laster, wie das Unkraut auf Unkraut folgen! Die Thränen erstickten die Stimme. Ihr werdet es erkennen. GOtt will ich bitten, inständig will ich bitten, daß ihr es nicht zu spät erkennet.

AA. Lasset uns mit Augustino beten; lasset uns zu der mächtigen, zu der siegenden Gnade beten, daß Trygetius und Licentius, und daß alle, die, wie Augustinus gesündiget, wie Augustinus sich bekehren, und JEsum Christum anziehen. Du, O Gnade! Du must es thun, nicht die Zungen der Menschen; Du must Dich ihrer erbarmen. Miserere mei Deus.

Sechste

Sechste
und Letzte
Fasten-Rede.

Vorspruch.

Et carnis curam ne feceritis in deſideriis. Rom. XIII. v. 14.

Und traget keine Sorge eures Fleiſches in den Begierlichkeiten.

Es ist geschehen. Auguſtinus iſt von dem Landgut ſeines Freundes Verecundi mit ſeiner Geſellſchaft nach Mayland zurückgekehrt. Ambroſius der H. Biſchof hat ihn mit ſeinem Herzens-Freund Alipio, ſeinem Sohn Adeodato, und noch einigen ſeiner Freunde und Schüler an dem H. Oſter-Tag getaufet. Auguſtinus, das Gefäs der Schande, des Irrthums, der Sünde iſt von der mächtigen Hand des Allerhöchſten in ein Gefäs der Ehren, der Weisheit und der Heiligkeit umgeſtaltet worden.

AA.

※ ※ ※

AA. Ihr werdet Augustinum nicht mehr kennen. Augustinus in einer Mönchs-Kutten gekleidet? spotteten einige Freunde der Bekehrung Augustini = = Also, weilen Augustinus ein Mönch geworden, hat er bey euch alle Hochachtung verlohren? Welcher verderbte Geschmack! Welche verkehrte Vorurtheile der Welt! Der Staats-Mann scheret aus Gemächlichkeit seine Haare ab; Die Staats-Frau schneidet sie wegen der tyrannischen Mode ab; Doch beuget sich noch für dem geschornen Herrn der Bürger bis zur Erde, und der gebückte Diener betet seine kahle Frau an, wie zuvor. Erscheinet aber der Mönch ohne Haare, die er zum Zeichen, daß er ein Nazaræer Christi seye, und der Welt gute Nacht gesagt, abschneiden lassen; so wird er gespottet, wie Elisæus von den Kindern, und wie die geschorne Rechabiten von den Heyden: so wird er von den Christen verachtet. Welches Abentheuer! Ist es vielleicht der Stiefkopf, ist es vielleicht der geblümte Aufsatz, der den geschornen Kopf des Staats-Mannes, und jenen der Frauen ehrwürdiger, als den kahlen Mönchen machet? Das kan ohnmöglich seyn; denn
der

der Stiefkopf wird auf den Peruquen-Stock gehängt, der Auffatz auf den Nacht-Tisch gelegt; und der Erste bleibt doch immer der Herr, und die andere die Frau. Oder sind es die Haare, der Auswurf der Natur, die den Kopf ehrwürdig machen? Es kan auch nicht seyn; denn Tugend und Weisheit machen nur die Vorzüge des Menschlichen Geschlechtes aus, die nicht mit den Haaren, noch in den Haaren wachsen.

Was ist dann, so Augustinum als einen Mönchen verächtlich machet? Ist es die lange Kutten? Die kan es auch nicht seyn; denn, wenn der Herr in seinem langen verschmutzten Schlafrock, und die Frau mit ihrem langen staubigten Schlender in dem Haus daher gehen, so bleibet er der grosse Herr, und sie die grosse Frau. Denn Kleider zieren wohl die Leute, aber sie machen keine. Die Kleider sind der Deckmantel unserer Blöse, und die Zeugen der ersten Sünde. Der Strick um dem Hals des Uebelthäters, er mag hänfen, er mag Seiden, Silber oder Gold seyn, bleibt immer ein Merkmal der Schande. Die Mönchs-Kutten kan es also auch nicht seyn, die euch Jünglingen euren Augustinum so verächtlich macht; sonst müsten verschiedene Moden und Trachten auch die Bürger lächerlich machen, und ihres Werthes entsetzen. Was ist dann endlichen, so euch Augustinum verächtlich macht? Seine neue Lebens-Art? Ja, diese ist es. Sie ist nach der Vorschrift Christi eingerichtet, von der ihr keine Begriffe habt: Sie ist nach den Gesetzen des Evangeliums angestellet, an denen ihr keinen Geschmack findet, weilen ihre Beobachtung die Welt mit allen ihren Hoheiten und Reichthümern zu Füssen tritt, in die ihr so sterblich verliebet seyd; weilen sie das Fleisch mit seinen Begierlichkeiten creutziget, dem ihr so verzogen schmeichlet, und die euch so reitzend kützeln; weilen sie die Eitelkeiten und Wollüste fliehet, denen ihr so heißhungrig und lechzend nachlaufet. Sehet, Jünglinge! Nicht der geschorne Kopf, nicht die schwarze Mönchs-Kutte, wie ihr lügnerisch vorgebt; Nein; das neue Geistleben Augustini macht euch euren Freund lächerlich und verächtlich, weilen es euerem üppigen Weltleben zuwider, und seine Strenge und Eingezogenheit eure Thorheiten und Ausschweifungen bestrafet.

❀ ❀ ❀

Auguſtinus, ihr wiſſet es, wäre wie ihr in den Eitelkeiten und Wollüſten erſoffen. Er iſt aber von ſeinem Sünden-Schlaf aufgewachet, er iſt aus dem Koth zu einem neuen Geiſtleben aufgeſtanden. Und, wer hat ihn aufgewecket? Wer hat ihn aufgerichtet? Wer hat ihn auf dieſe Bahn der Evangeliſchen Vollkommenheit geführet? Die Worte Pauli haben es gethan, die er neulich unter dem Feigen-Baum zu leſen befehliget worden. Dieſe Worte hat er geleſen: Nicht in Mahlzeiten ꝛc. ſondern ziehet den HErrn JEſum Chriſtum an, und traget keine Sorge eures Fleiſches in den Begierlichkeiten. Dieſe Worte haben ihn in ein Gefäß der Heiligkeit verwandelt; da er ein Gefäß voll Wuſtes und Moders ware.

Doch; Ich habe wiederum gefehlet: Nicht die Worte Pauli; Nein, die ſiegende Gnade hat durch die Worte Pauli Auguſtinum den Sünder in einen Heiligen verwandelt. Göttliche Gnade! gieb auch dieſen Worten auf meiner Zungen die Stärke, einen einzigen ſündigen Auguſtinum in einen Heiligen zu verwandeln. In einen Heiligen? Ja, in einen Heiligen.

Habt

Habt ihr Auguſtino in dem Sündigen folgen können; ſollt ihr ihm nicht in der Bekehrung, in der Heiligkeit folgen können, wenn ich euch ſeine Beyſpiele vor Augen lege? Ich glaube es nicht. Ich lege ſie euch vor, ſeyd aufmerkſam.

P. I.

Die ſtrenge Tages- und Lebens-Ordnung, in welcher wir neulich Auguſtinum mit ſeinen Freunden auf dem einſamen Landgut ſeines Freundes Verecundi verlaſſen, und die anfänglich den feuerigen Jünglingen Trygetio und Licentio nicht in den Kopf wollte; wurde von dem Herbſt an bis zu der Faſten-Zeit unverbrüchlich von der ganzen Geſellſchaft beobachtet und fortgeführet. Es ware dazumalen in der erſten Chriſtenheit üblich, daß jene, ſo an dem H. Oſter-Tag die H. Tauf empfangen wollten, an dem erſten Sonntag in der Faſten in den Tempeln erſchienen, um von dem Biſchoffen in den Geheimniſſen unſers Glaubens unterrichtet, und durch H. Sitten-Lehren zu der H. Tauf und zu einem neuen Leben zubereitet zu werden. Auguſtinus, Alipius und andere Freunde waren

❋ ❋ ❋

waren entschlossen, die H. Tauf mit Adeodato zu Mayland zu empfangen.

Es ware der neunte Tag des Märzen, da Augustinus mit seiner Gesellschaft von Cassiciaco nach Mayland aufbrache. Den zehenten, als den ersten Sonntag in der Fasten, erschiene Augustinus mit Adeodato und Alipio vor Ambrosio dem H. Bischofen, und überreichte seinen und der Seinigen Namen demselben, mit Bitte, zur Lehre und zu der H. Tauf aufgenommen zu werden. Wie der erfreute Vater in dem Evangelio seinen verlohrnen, und von dem Trog der Schweine zurückkehrenten Sohn mit offenen Armen umfangen, an sein für Freuden weinendes Herz gedrücket, und seine zerrissene Lumpen in ein prächtiges Kleid vertauschet, und ein herrliches Gastmal angestellet; So hat Ambrosius der H. Vater den verlohrnen und von den Kleien der Schweine, ich meine, von dem Leben der Wollüste zurückkehrenden Augustinum unter Freuden-Thränen umarmet; und mit heisser Sehnsucht sahe er dem frohen Oster-Tag entgegen, wo er seine häßliche Sünden-Lumpen mit dem weissen Kleid der Unschuld könnte verwechs-

L 3 len,

len, und ihn an der Königs-Tafel mit dem göttlichen Oster-Laimm speisen, und mit dem köstlichen Trank seines Blutes in der Lieb: GOttes berauschen.

Wie eiferig erschiene Augustinus täglich durch die ganze Fasten-Zeit in dem Tempel bey dem Dienst seines GOttes! Und wie aufmerksam hienge seine ganze Seele an den Lehren und Predigten dieses grossen Wohlredners Ambrosii! Wir wollen es aus seinen eigenen Bekänntnissen hören. Ich gienge in den Tempel, sagt er, und hörte das süßtönende Gesang der Kirchen, und sahe das flammende Gebet deiner Diener. Wie wurde mein kaltes Herz entzündet! wie wurde meine träge Seele durchdrungen! Wie ein Wachs zerschmolz mein Herz in Süßigkeit, und Ströhme von Zähren der Andacht flossen von meinen Augen. Ich wohnte den Christlichen Lehren und Predigten Ambrosii bey. Wie ein säugendes Kind, so für Hunger schmachtet, und dessen dürre Zunge nach der Milch der Mutter lechzet; so habe ich mich um den Hals der Kirchen geworfen, so habe ich heißhungerig durstend ihre Brüste ergriffen. Ich hab sie gedrücket, so stark hab ich

ich sie gedrücket, unter Seufzen und Thränen hab ich sie gedrücket, um so viele Milch aus selben zu pressen, als damals meinen heissen Durst zu löschen, meine heilige Begierden zu sättigen, und die Hoffnung des Heils zu beleben, nothwendig ware. Und Du weist es, o Kenner der Herzen! wie viel mir nothwendig ware. Wie ein Verliebter, der weder Augen zu sehen, noch Ohren zu hören hat, wenn er in die entzückende Schönheit vertiefet; so ware Herz und Seele, Geist und Leben an die Schönheit, die zu Cassiciaco in meiner Einsamkeit mich in Flammen der Liebe gesetzet, geheftet. Und so liefe ich der Weisheit nach, die meinem Herze schmeichelte, und die ich in den Lehren und Predigten Ambrosii suchte und fande.

Und in Wahrheit waren die Lehren und Predigten Ambrosii, mit denen er diese Neulinge des Glaubens zur H. Tauf in dieser Fasten bereitete, voll göttlicher Weisheit. Er muste, daß Augustinus ehemals in den Irrthümern der Manichæer verstricket gelegen, welche die Bücher des alten Bundes, wie unsere Freygeister die Bücher des Neuen, verlachten. Er stellte ihnen

ihnen also die Leben der Patriarchen vor, den Glauben, die Treue gegen seinen GOtt, und das heilige und unschuldige Leben des Abrahams, wie es nach den Gesetzen und Gebotten GOttes eingerichtet. Er schilderte in der Vermählung des Patriarchen Isaaks mit der Rebecca die Vermählung Christi mit seiner Braut der Kirchen und jeder Seele; und wie diese sollen verlangen, aufgelöst und mit ihrem Bräutigam ewig in der Glorie vermählt zu werden. Er zoge Sitten- und Lebens-Regeln aus den Sprüchwörtern, um sie zu einem wohlgesitteten und tugendhaften Leben zu entflammen. Er legte ihnen den Geist der Ceremonien und Gebräuche der Kirchen bey der H. Tauf aus. Er entschleierte ihnen das unbegreifliche Geheimnis des Sacraments des Altars. Vielleicht, sagte er, weilen ihr auf unsern Opfer-Tischen nichts, als Brod und Wein, sehet, glaubet ihr auch, ihr speiset nur Brod, und trinket nur Wein? Wie falsch, wie irrig sind diese Begriffe! So lang der Sohn GOttes von dieser Speiß vor der Segnung und Verwandlung redet, so nennet Er es Brod und Wein: und euch fällt es leicht, solches zu glau-

glauben. Redet Er aber von selbsten nach der Segnung und Verwandlung, so nennet Er es seinen Leib und sein Blut. Und ihr wollt ihm nicht glauben? Ist es dann nicht die nemliche Wahrheit, die redet? Ist es nicht der nemliche GOtt, der Wein und Brod erschaffet; und der Wein und Brod verwandelt? Ihr könnet glauben, daß Er die Welt aus nichts erschaffen, und Wein und Brod aus der Erden erschaffet; und ihr sollt nicht glauben können, daß Er Wein in Blut, und Brod in Fleisch verwandeln könne? Ist Er denn nicht der nemliche GOtt? Das grössere gebt ihr Ihm zu, und das mindere wollt ihr Ihm läugnen? Oder, glaubet ihr nicht, daß es der Mensch durch Segnung und Verwandlung könne? Moyses hat die Ruthe in Schlangen, und die Flüsse in Blut verwandelt; und er hat Blut in Wasser, und Schlangen in Ruthe zurück verwandelt. Und der Priester des neuen Bundes soll weniger durch die Worte CHristi können? Elias hat mit Worten das Feuer von dem Himmel gezogen; und GOtt hat mit einem Wort alles erschaffen; und in dem neuen Gesetze sollen die Worte GOttes ohnmächtiger, unkräftiger
L 5 seyn?

seyn? Eine Jungfrau empfängt, eine unversehrte Jungfrau gebieret seinen Leib, und zwar über alle Gesetze der Natur. Und die übrigen Geheimnisse seines Jungfräulichen Leibes wollet ihr läugnen, weilen ihr sehet, daß sie über die Natur? CHristus sagt von dem Brod, so Er in Händen hat; Dies ist mein Leib; und von dem Wein, so Er ihnen darreicht; Dies ist mein Blut. Das Volck sagt: Amen. Und ihr wollt es läugnen? Dieses waren die geistvolle Lehren, dieses waren die Predigten, so Ambrosius voll göttlicher Weisheit den Neulingen des Glaubens, Augustino und seinen Freunden, in der heiligen Fasten-Zeit vorgetragen.

Endlich erschiene der frohe Oster-Tag, an welchem der Sieger der Welt, des Todes und der Höllen aus seinem Grab erstanden, und an welchem dieser verstockte Sohn Monicæ der weinenden Wittwen von Naim sollte von den Toden erwecket zu einem neuen Leben auferstehen. Warum verlässest du mich anjetzo, Geist der Beredsamkeit! einen Auftritt zu schildern, über welchen das ganze obere Jerusalem und alle Chöre der Engeln für Freuden gejauchzet,

zet, die ganze Kirchen in Jubel- und Dank-Lieder ausgebrochen, die rasende Hölle für Tobsucht mit Zähnen des Neides geknirschet, die Welt erbebet, und das Fleisch und die Wollust ohnmächtig niedergesunken? Ich will mir Mühe geben, AA. euch die Tauf Augustini, und das Ende seiner Bekehrung und Auferstehung zu einem H: Leben zu schildern.

Der frohe Tag ware angebrochen, wo der Mohren-schwarze Augustinus von Ambrosio, dem H. Bischofen, durch das geheiligte Wasser der Taufe weisser, als eine Taube, ja weisser, als der Schnee, sollte gewaschen werden. Habt ihr einen schuldigen und busfertigen Uebelthäter gesehen, der beschämet, gedemüthiget, reumütig zu dem Richterstul tritt, um entweder das Urtheil des Todes wegen seiner Verbrechen zu hören, oder Gnade und Erbarmniß, und die Frist seines verwirkten Lebens zu erwarten; So, so ist der sich so vieler Uebertrettungen der Gebote GOttes bewuste Augustinus zu dem Tempel gekommen.

Dort, da er noch ausser der Thür des Tempels gestanden, vermeinte er, er stehe in dem Thal der Zähren der büssenden Ju-
den

ben des alten Gesetzes; dort fienge er an, mit häufigen Thränen seine vorige Sünden zu beweinen; Und so stieg er, unter Zähren und Gesängen der Priester, die Staffeln zu dem Tauf-Brunnen hinauf. Ambrosius erwartete ihn an selbem, um ihn mit dem geheiligten Wasser der Taufe zu einem neuen Menschen zu waschen. Habt ihr von Naaman, dem Aussätzigen gehöret, wie er von einer grauen Rinde des schuppigten Aussatzes überzogen in den Fluß Jordan gestiegen? So häßlich, so abscheulich, so braun von Schuppen der Laster stiege Augustinus in den Tauf-Brunnen. Habt ihr aber auch gehöret, daß Naaman so weiß, so rein, so zart vom Fleisch, wie ein Kind von einem Jahr, aus dem Fluß Jordan herausgestiegen; so rein, so weiß, so unschuldig, wie ein Kind von einem Jahr, stiege der von Ambrosio durch das in dem Namen des Dreyeinigen GOttes aufgegossene Wasser getaufte Augustinus aus dem Tauf-Brunnen empor. Das Aug GOttes schauete mit einem Gnaden-Blick aus der Höhe des Himmels auf dieses gereinigte und geheiligte Gefäß, so aus dem Tauf-Wasser empor stiege, so wie es auf das Gefáß der Verherrlichung seines Namens, auf den von der Erde aufstehenden Paulum geblicket, und Strahlen der Gnaden und des Lichtes ausgegossen. Jerusalem, das ganze obere Jerusalem, die Chöre der Engeln, die Scharen der Heiligen stimmeten dem HErrn der Erbarmnisse Dank- und Lob-Gesänger in vollen Jubel-Thönen an. Denn, wenn sich die Engel des Himmels über die Bekehrung eines jeden Sünders erfreuen, wie uns die ewige Wahrheit selbsten in dem Evangelio versichert; welcher Jubel, welche Freude muß in dem obern Jerusalem entstanden seyn, da die siegende Gnade GOttes einen neuen Saulum in Paulum, einen Feind der Kirchen in ihren Beschützer, einen Manichæischen Ketzer in einen Hammer der Ketzer, einen Verfolger in einen Lehrer und Vater der Kirchen, einen abscheulichen Sünder in einen grösten der Heiligen verwandelt hat? Wie erfreuete sie erst und frolockte die streitende Kirche? In alle Welt-Theile flogen die Briefe von Mayland als Zeitungen, als wunderwürdige und erfreuliche Zeitungen aus. Heut, hiese es, den 24sten April (denn an diesem Tag ware die Ostern gefallen)

fallen) ist Augustinus, jener fürchterliche Feind der Kirchen, gegen dessen Beredsamkeit und verkehrte Welt-Weisheit die Kirche GOttes in ihre Litaneien eingesetzet hatte: Von der Red-Kunst *Augustini*: Erlöse uns, O HErr. Dieses Abentheuer des Unglaubens ist anheut von Ambrosio als ein Christ getauft worden, und hat sich zu dem wahren Glauben der Kirchen bekennet. Ganz Mayland voll Erstaunung, voll Verwunderung ist zu dem Tempel geeilet, diesen neugetauften Paulum zu sehen, der ganz Mayland erst zuvor so häufig mit seinen Ausschweifungen geärgert hatte. Wie entzücket sahen die Frommen, wie beschämet die Bösen, wie gerühret die Lauen den neugetauften Augustinum in einer feierlichen Procession von dem Tauf-Stein in seinem weissen Kleid mit Ambrosio und den übrigen getauften Freunden in den Tempel wallen? Wie entzücket höreten sie den H. Ambrosium und den neubekehrten Augustinum in dem Eingang des Tempels unter der spielenden Orgel das von diesen beyden grossen Lehrern von der Dreyeinigen GOttheit und von der Erlösung des menschlichen Geschlechtes aufgesetzgesetzte Lob-Gesang *Te Deum laudamus*, welches bis heut noch in allen Tempeln der Christenheit zum dankbaren Lob der Augustinum bekehrenden Erbarmniß GOttes so unaufhörlich erschallet, wechselweis absingen! Wie durchdrungen von Herz-rührender Freude sahen sie Augustinum mit seinen weißgekleideten Freunden unter rinnenden Zähren, und unter glühenden Seufzern zu dem Opfer-Tisch des Herrn sich nahen, und aus den Händen Ambrosii des H. Bischofen das Brod der Engeln empfangen. Wie frolockte das Volck, da nach dem Hoch-Opfer des unblutig geschlachtet und genossenen Oster-Lamms Ambrosius die neu unter der Fahnen Christi aufgeschworne Kriegs-Leute der Kirchen GOttes mit dem H. Chrysam salbete, und ihre Stirne mit den mit Creutz gezeichneten Binden umwunde.

Wie wunderten sie erst, da sie hernach alle Tag durch die ganze Oster-Octav Augustinum mit seinen Freunden in ihren weissen Kleidern in den Tempeln sahen, wie sie so auferbaulich vor den Altären auf ihren Knien lagen, wie Augustinus unter den Gesängern der Kirche weinete, und von dem

dem Geist der Andacht in dem Gebet glühete? Aber, wie vermehrte sich ihre Erstaunung, da an dem weissen Sonntag Augustinus sich zu den Füssen des H. Bischofen Ambrosii warf; dieser Augustino dem beschrienen Weltkind die Haare abschnitte, über das weisse Kleid eine schwarze Mönchs-Kutte, so Simplicianus der alte Greis darreichete, Augustino anlegte, seine Lenden mit einem Gürtel von einer Thier-Haut umbunde, und Augustinus in die Hände Ambrosii die feierliche Gelübde der Armuth, des Gehorsams, und der Keuschheit ablegte, und er zu einem ewigen Diener GOttes eingeweihet wurde.

Augustinus ware nun nicht mehr Augustinus. Und wer ware Augustinus? Die siegende Gnade GOttes hatte ihn in einen Heiligen verwandelt. In einen Heiligen? Ja in einen Heiligen. Gehet hin, suchet jetzt Augustinum. Wo findet ihr ihn? In solchen niedern Hütten der Vorstadt Mayland, von welchen er von Potiano gehöret, daß sich die neubekehrte Hof-Herren seines Kaysers verschlossen. In den Einsiedlerischen Hütten, wo er von dem Geräusche der Welt entfernet nach ihrem
Bey-

Beyspiel dem Kayser der Könige diente, welches Beyspiel sein Herz mit solcher Eifersucht zuvor entflammet hatte, daß er zu Alipio auffseufzen dürfen: Die Dummen und Ungelehrten reissen uns den Himmel vor den Augen hinweg; und wir welzen uns mit unserer Gelehrtheit im Fleisch und Blut herum. Dort in diesen Einsiedlerischen Hütten sehet und findet ihr ihn. Und, wie findet ihr ihn? Nicht mehr den alten, den üppigen, den eitlen, den wollüstigen Augustinum? Die Farben, mit denen er sich selbsten geschildert, werden die treueste Zeugen seines Gemähldes seyn. Ich hatte das Kleinod schon gesehen, sagt er in seinen Büchern der Bekenntnisse, um welches zu erkaufen ich, wie Antonius, alles das Meinige verkaufen sollen. Aber die Worte des Evangelii hatten mich eben so betrübet, als wie den Jüngling in dem Evangelio die Worte Christi. Kaum aber hatte ich die Worte Pauli gelesen, so sind alle Schatten des Zweifels und der Betrübniß, wie bey dem einfallenden Licht, verschwunden; und mit selben sind aus meinem Herzen alle Begierden zu den Schmeichlungen dieser Welt, alle Begierden zu den Wollüsten des Flei-

M sches,

sches, und so gar auch die erlaubte Gedanken zu der Vermählung mit einem Weib, alle Begierden zu Würden und Ehren, alle Begierden zu Gütern und Reichthümern dieser Erden verschwunden. Ich hatte aus deinem Mund gehöret, daß, wer Dir nachfolgen wollte, alles müsse verlassen, alles verkaufen, alles den Armen geben, und davor einen hundertfachen Lohn empfangen. Kaum ware meine schwarze Seele von dem Tauf-Wasser gewaschen, so hat sich in meiner ganzen Seele dieses Vorhaben erneuret, und ich habe dem Beyspiel des Antonii gefolget, ich habe mich in die einsame Hütten der Einsiedler verschlossen, und mit meinen Freunden meinem GOtt allein gedienet. Monica die erfreute Mutter hat uns allen, wie ihren Söhnen, gedienet, und Alipius ist allein in die Welt ausgegangen, und hat uns die nothwendige Lebens-Mittel eingekaufet. Welches waren aber die Beschäftigungen dieses neubekehrten Einsiedlers? Nächte lang lage er in Thränen, mit denen er die Abscheulichkeit seines vorigen Lebens, die ihm niemal ohne Entsetzen und Grausen in seinem Gedächtniß vorkame, busfertig beweinte. Seinen Körper fesselte te er in hárene Bande, und mit Streichen züchtigte er sein schuldiges Fleisch. Die Betrachtungen waren seine Speise, und die Buß=Thränen sein Trank; denn Tage=lang fastete er in seiner einsamen Hütte. Die Lesung der göttlichen Schrift, der geistreichen Bücher, die Schreibung der=selben, das abwechslende Gebet und Psal=men=Singen ware sein Zeitvertreib; denn so eckelten ihm die Thorheiten der Welt, deren er vorher ein Leibeigener ware, daß er niemal sich der vorherigen Ausschweif=fungen erinnerte, ohne in Bäche der Buß=Zähren zu zerfliessen. Was braucht es? Ihr werdet ja gehöret haben, wie die heilige Einsiedler in den Einöden gelebt. So lebte Augustinus nach seiner Bekehrung; denn die Gnade GOttes hatte ihn in ein Gefäs der Heiligkeit aus einem unreinen Ge=fäß der Sünden verkehret. Das Zeugniß der ganzen Kirchen wird euch doch für ei=nen glaubwürdigen Bürgen gelten können, wenn sie ihn mit dem Ehren=Namen des Heiligsten unter den Gelehrten, und des Gelehrtesten unter den Heiligen verehret. Und was sagte Monica seine fromme Mutter hierzu? Zerflosse sie zuvor in Trauer

M 2 Thrä=

Thränen, so wurden nun ihre Augen nicht mehr brocken von Dank und Freuden-Thränen. Was thue ich noch auf der Welt, sagte die H. Mutter? Ich habe nur verlangt, meinen Sohn als einen Christen zu sehen; und der HErr hat meine Freude verdoppelt. Ich sehe Augustinum nicht nur als einen Christen; sondern als einen frommen, als einen heiligen Diener GOttes und geistlichen Ordens-Mann sehe ich ihn. So viel kan die siegende Gnade in dem Herzen eines Sünders! Und so viel hat sie noch nicht in dem Herzen einer meiner AA. gewürket? Wer trägt die Schuld? Die Gnade nicht. Nein, die ist allzeit gleich mächtig, also entweder meine Schwäche, oder die Härte eurer Herzen.

P. II.

Ich kenne und beweine meine Schwäche. Vielleicht waren meine Gedanken zu nieder, meine Ausdrücke zu matt, mein Vortrag zu träg, meine Absichten nicht rein genug. Ich habe zwar allzeit die mächtige Gnade angeflehet, Stärke meiner Zungen, und Kraft meinem Geist zu geben, auf daß ich mehrers die Herzen, als die

Ohren

Ohren meiner Zuhörer rühren mögte. Aber ich habe auch gewuſt, daß das Gebet, ſo von den unreinen Lefzen eines Sünders flieſet, zu dem Throne der GOttheit nicht gelange, und taube Ohren finde. Mich hätte alſo zu erſt das Beyſpiel meines büſenden Vaters bewegen, und meine Eitelkeit heilen ſollen, auf daß meine Zuhörer mir nicht den häßlichen Vorwurf machen können: Arzt heile dich ſelbſten. Kurz: Ich hätte mehrers mit meinem Beyſpiel, als mit meiner Zungen, predigen ſollen. Beſchämet, gebeugt muß ich meinen GOtt um Vergebung anflehen, daß ich ſein heiliges Wort in meinen unreinen Mund genommen. Dieſer Theil der Schuld iſt mein, daß ich keinen Auguſtinum gerühret, und keine Melania bekehret.

Aber, werden alle meine Zuhörer Schuldenfrey ſeyn, daß ſie an dem Ende meiner Faſten-Reden noch ſo eitel, noch ſo üppig, noch ſo berauſchet in dem Schlummer der Wolluſt, als wie an dem Eingang ſchlafen? Ich wünſchete, die Schuld wäre mein allein, damit nicht meine eigene Reden ihnen zu einem Stein des Anſtoſſes, zu einer Laſt der Verantwortung, und zu einer gröſ-

grösseren Schuld der Verdammniß werden mögten! Aber, wie können einige Schulden frey seyn, die meiner Reden nur als bloser Erzehlungen, Geschichten und Historien gespottet, und die so geflissentlich die Augen zugedrückt, auf daß sie nicht wahrnehmen können, daß sie der eitle, der üppige und wollüstige Augustinus seyen; und daß jenes Weib die stolze, die fleischliche Melania seye, die ich in meinen Reden geschildert, und die ich zur Besserung des Lebens gewarnet. So muß ich also noch zu meiner eigenen Rechtfertigung an dem Ende den Schleyer der Höflichkeit von meiner Parabel und Erzählungen hinweg ziehen; und ich muß den Tadlern und Unwissenden trocken in das Angesicht sagen: Du Jüngling bist der saubere Augustinus, du Weib bist die saubere Melania, die ich in den ersten vier Fasten-Reden mit so eitlen, und eben deswegen so häßlichen Farben gemahlet hab.

Jünglinge und Töchter, Männer und Weiber! sind das nicht euere Mahlzeiten, sind das nicht euere Gesellschaften, sind das nicht euere Zusammenkünfte, die ich in meiner zweyten Rede geschildert? Mahlzeiten,

Zeiten, wo die Verschwendung die Schüsseln aufträgt, und die Trunkenheit die Becher einschenkt? Schüsseln, die mit theuern ausländischen Speisen befrachtet, Becher, die mit fremden Weinen gefüllt, laßt mich noch deutlicher reden, Schüsseln, in welchen die unbezahlte Schulden der Handwerker und Kaufleute liegen; Becher, in welchen der Schweiß der Taglöhner, die Thränen der unbefriedigten Dienstbotten, und oft das aus den Armen gepreßte Blut schäumet; Mahlzeiten, zu denen ihr euch, wie die Hasen um einen Kraut-Acker, lagert, weder um den Segen vor dem Essen bittet, noch die Danksagung nach der Sättigung euerem GOtt abstattet; Mahlzeiten, wo die Frechheit, die Unverschämtheit, die Eitelkeit und Wollust die Aufwärterinnen sind, wo die Ehre und der gute Name des Nächsten mit dem grossen Messer zergliederet wird, oder GOtt, seine Religion, der Glaube, die Gebräuche der Kirchen, die Priester und sein Heiligthum, wie die stäubigte Lumpen von den Cynischen Hunden, umhergezogen werden, oder die Geilheit ihren Redstul aufschlägt, und der Unschuld durch schändliche Blöse,

freche

freche Minen, schmachtendes Händeküssen, zweydeutige Reden, ärgerliche Räthseln, häßlichen Geschichte der Lectionen des Asmodæus giebt? Sind euere Spiel-Tische nicht dem Spiel-Tische Augustini gleich, wo ein Evodius die geborgte Säckel, die Helfte seines Vermögens, die jährlichen Einkünfte, die Thränen seines nackenden Weibes, das Erbe seiner unerzogenen Kinder auf ein blindes Aug eines gemahlten Blattes so thorrecht und lächerlich verschleudert, daß er hernach Jahre lang den Augenblick verfluchet, der ihn aus einem Spieler zu einem Bettler verwandelt, oder er mit dem zornigen Dolchen seinen Verlust aus der Brust des Freundes graben will, den er um ein bloses Nichts, um einen blinden Wurf, um einen marternden Umschlag so muthwillig zum Fenster hinausgeworfen, und also sein beissendes schuldiges Gewissen noch mit einem Blut beflecken, so, an statt die Unbild auszuwaschen, mit einem ewigen Schandflecken die verletzte Ehre und getödete Seele brandmalet? Sind eure Zusammenkünfte nicht die Gesellschaften Augustini, sind sie nicht Sammel-Plätze der Verliebten, Schulen der Ungezogenzogenheit, wo jeder Adonis seine Venus anzubeten kommt, wo der Mann eine fremde bedienet, und das Weib seinen Ehe-Mann vergißt, weilen ihr ein Fremder, Thorheiten in die Ohren schmeichlet; kurz: wo lauter geheime, lauter bestellte Arbeiten abgethan werden.

Tochter! bist du nicht die Melania, die Stunden lang an dem Nacht-Tische und an dem Spiegel sitzt, aus Schachteln und Gläsern, Kisten und Schränken eine Schönheit erbettelt, nicht ihrem Mann, wie Paulus erlaubet, sondern einem frechen, einem untreuen Buhler zu gefallen, der hernach den erbeuteten Kranz der Ehren verdorrt und verwelket in dem Triumph unter seinen liederlichen Gesellen umher wirft? Jüngling! bist du nicht der Augustinus? Doch auch ein Mann, und, was Thränen würdiger ist, ein Ehe-Mann ist es, der eine Melania, eine Beyschläferin mit ungerechten Geld besoldet, und eine solche lüderliche Metze öffentlich zur Aergerniß unterhält, und Sünde, Schand, Verlust der Ehre und der Gesundheit so theuer bezahlet? Jüngling! bist du nicht der Alipius, der unter dem Schleier der Nacht die

M 5 Schön-

Schönheit nach Haus begleitet, und am Morgen, wie an dem Abend, sich zu der lächerlichen Arbeit einer Kammer-Magd an dem Nacht-Tisch erniedriget? Jüngling! bist du nicht der Evodius, der du so tückisch wie ein Dieb, ja wie ein Ehren-Dieb um die Winkel und ungangbaren Thüren des Hauses schleichest, an Fenstern erfrierest, so lächerlich seufzest und räusperst; und warum? Ein Sclav eines Weibs zu seyn, die nicht ehrbarer, als du; weilen sie um diese Stunden der Nacht, an einer ungangbaren Thüre, in einem so niederträchtigen Aufputze Besuch annimmt? Jüngling! bist du nicht der tapfere Trygetius, der mit einem entheiligten Schwur GOtt zum Zeugen seines untreuen, seines boßhaften Herzens anruft, und mit dem versprochenen, aber noch in selbiger schändlichen Nacht zerrissenen Ehe-Band eine geschwächte Unschuld in ein ewiges Verderben, in Schand und Spott, in Armut und Kummer erniedriget, die Eltern mit Prast, und die Geschwächte mit Verzweiflung füllt? Und, Tochter! du bist das blinde Schlacht-Opfer, so von dem gottlosen Schwur eines Räubers deiner

Ehre

Ehre dich betrügen läst, und deinen Jungfern-Kranz einem geiferenden Bößwicht verkaufst.

Jüngling! bist du nicht der Nebridius, der dem gutthätigen und vertraulichen Haus-Vater mit der geschwächten Ehre seiner unglücklichen Tochter bezahlet? Jüngling! bist du nicht der lächerliche Licentius, der, wie ein Wahnwitziger, und Hirnverrückter sich für einen übertünchten Gerippe beugt, wie ein vernunftloses Kind niederkauert, seufzt, weinet, rennt, nachläuft; und, um was? um einen günstigen Blick, um ein lügnerisch Caro mio, um einen Schlag mit einem Fecher; und alsdenn meinst du, du hättest Troja eingenommen, und die Helena erbeutet? Mann, Ehe-Mann! bist du nicht der untreue Mayländer, der das geheiligte Ehebett mit Schand und Untreue besudelt? Weib! bist du nicht die Untreue, die sich aus den gebundenen Armen in fremde wirft?

Jünglinge! seyd ihr nicht die starken Geister? Seyd ihr nicht die mächtigen Helden! seyd ihr nicht die Witzlinge, die meinen, sie

sie hätten Gelehrtheit und Wissenschaften mit Stumpf und Stiel von allen hohen Schulen gefressen, und es fehle nichts, als daß man um ihre Schläfe die Lorbeer-Kränze winde, um ihre Schultern den Doctors-Mantel lege, und sie als Lehrer der Weisheit auf die Lehr-Stüle erhebe, und alle graue Köpfe, und weisse Bärte auf den niedern Bänken aus ihrem göttlich-beredsamen Mund die ächte Lehren der Weltweisheit und Gottesgelehrtheit anhören? Und, welche sind die mächtige Lehren dieser erleuchteten Geister? Ich kan GOtt nicht begreifen, die sittlichen und natürlichen Uebel mit seinen Vollkommenheiten nicht zusammen reimen; ergo ‒ ‒ ‒ Ein mächtiges ergo! ergo giebt es keinen GOtt. So mächtig, wie dieser Vernunft-Schluß: Ich kan nicht begreiffen, wie die weit entlegene Nord-Berge meine Magnet-Nadel ziehen; Ich kan die Bewegung meiner toden Nadel mit dem toden Eisen nicht zusammen reimen; ergo ist es falsch, daß sich meine Magnet-Nadel nach dem Nord-Pol drehe. Höret einen andern Satz: Ich kan nicht begreifen, was ein Geist seye; Die Seele eines Verstorbenen hab ich noch

nicht

nicht gesehen; ergo ⹀ ⹀ ⹀ Ein mächtiges ergo! ergo giebt es keine unsterbliche Seele. So mächtig, wie dieser eines Jünglings, dem sein Vater gestorben, da er noch in der Wiegen lage: Ich kan nicht begreifen, daß ein todter Samen einen lebendigen Menschen gebähre; zudeme hab ich meinen verstorbenen Vater nicht gesehen; ergo hab ich keinen Vater gehabt, sondern bin wie ein Kraut-Stengel aus der Natur aufgesprossen. Einen neuen Satz: Die Religion zäumet den Bauer, und hält den Bürger im Zügel; ergo ⹀ ⹀ Ein mächtiges ergo! ergo bin ich an keine Religion gebunden. So mächtig, wie dieser: Der Zügel hält das stolze, muthwillige Pferd inn; es zäumet den muthwilligen Rappen; ergo, wenn ich den Schimmel reiten will, so zäumet ihn nicht. O Jünglinge! gleichen diese euere Begriffe nicht den Irrthümern Augustini? Augustinus ware ein Manichæer; dem können wir sie noch verzeihen; aber ihr, ihr seyd getaufte Christen; wer wird euch euere Irrthümer verzeihen? was soll ich euch sagen?

Nicht Augustinus; Nein, ihr waret es, denen ich in meiner ersten Fasten-Rede

zuge-

zugerufen: Et hoc scientes tempus, quia hora est, jam nos de somno surgere. Merket wohl auf diese Zeit, ja auf diese heilige Zeit, auf diese euch von der langmüthigen Güte eures GOttes ausgesteckte Zeit des Heils. Jam hora est. Denn jetzt ist die Stund, ja jetzt ist die Stund von eurem Sünden-Schlaf, in welchem ihr so lang, so lau, so kalt, so träg geschlummert habt, aufzuwachen, und aus den stinkenden und modernden Gräbern zu einem neuen Leben aufzustehen. Denn ihr lieget an dem Rand der Höllen; der Schlund des Abgrundes stehet offen unter euren Füssen, euch rasende Geister ewig zu verschlingen. Bald, sehr bald werdet ihr den Tanz-Boden eures lustigen Lebens durchgebrochen haben. Oder könnet ihr mir Freybriefe von dem HErrn des Todes und des Lebens unterzeichnet vorweisen, daß die Sand-Uhr eures Lebens noch eine Stunde, einen Tag, eine Woche, einen Monat, ein Jahr zu laufen habe? und, wenn sie es hat? Wollt ihr also den Frühling eurer Jugend, den Sommer eures männlichen Lebens dem Teufel, dem Fleisch und der Welt zum Opfer bringen, und als-

dann

dann den kalten Winter eures grauen Alters, den morschen Rest eures abgenutzten Lebens, den Schaum, den Abfeim, die Hefen eures kranken Körpers eurem GOtt aufdringen? Und alsdann soll euere frostige Busse Barmherzigkeit von einem in dem ganzen Leben beleidigten GOtt sich versprechen? Alsdann soll ich glauben, daß eure Buß aufrichtig seye, da ihr deswegen fromm werdet, weilen euere grauen Haare, und eure gelbe Runzeln die Ausschweifung nicht mehr kleidet, und man euere gebeugte Häupter, triefende Augen, und euere verwelkte Gesichter und zahnlückige Mäuler nicht mehr in Gesellschaften bewundern und anbeten, oder gar nicht dulden will; die ihr alsdann keusch leben wollt, nicht, weilen ihr die Tugend liebet, sondern weilen euch die Wollüste fliehen, und euch die Laster häßlich bilden: Jetzt, jetzt ist es also die Zeit, jetzt ist die Stunde, von eurem Sünden-Schlaf, ja von dem Toden-Grab, in welchem eure Seelen, den verfaulten Leichen nicht ungleich, liegen, zu einem neuen Leben aufzustehen. Deswegen hat der Sohn GOttes, da er den Sohn der Wittwe zu Naim aufgewecket, ihn nicht mit dem

Na-

Namen gerufen; Nein; Jüngling, sagte Er, Jüngling stehe auf, weilen Er nur die Jünglinge zu dem Leben erwecket. Er hat nur ein junges Mädgen, nur einen Jüngling, nur einen Mann in den besten Jahren den Lazarum zum Leben erwecket; von einem Greissen lese ich nichts, daß Er ihn aufgewecket; wohl aber, daß ein solcher in der Nacht gestorben, die Teufel seine Seele aus dem Leib gerissen, und selbe in den Flammen der Höllen begraben. Ich weiß es, Freygeister verlachen die Wahrheit des Evangeliums; aber sie werden zu spät auf dem Scheiterhaufen der Höllen ihren Unglauben beweinen, und ewig, aber ohne Frucht werden sie ihn beweinen. Ich rufe euch demnach anheut wiederum zu: Merket wohl auf diese Zeit, denn jetzt, ja jetzt, Paulus sagt es, dem eine ganze Welt von Heyden geglaubet; jetzt ist die Stund, daß ihr von eurem Sünden-Schlaf erwachet, und zu einem bessern Leben aufstehet.

Was sollen wir dann thun, werden die meiner Ermahnungen satte Jünglinge murren (Ach! daß sie also murreten, denn, so wären doch meine Reden nicht zu einem Ohr

Ohr ein, und zu dem andern wiederum ausgeflogen) was sollen wir thun? sollen wir aus den Gesellschaften der Menschen fliehen? sollen wir in grobe Kutten der Einsiedler schliefen? sollen wir uns in Wildnissen und Einöden lebendig vergraben? sollen wir die Tage in dem Gebet, und die Nächte in den Betrachtungen liegen? sollen wir ungeschmackte Kräuter speisen, und kaltes Wasser trinken? sollen wir unser Fleisch mit Geisseln zerreissen, und unsere junge Jahre als Mörder zu Grund richten? Jünglinge! Ich könnte euch wohl antworten: Antonius ware 20. Jahr alt, so edel, so reich, so zart, wie ihr; und hat dieses alles gethan. 85. Jahre hat er so streng gelebt, als ihr hier spöttelt; und er hat 105. Jahre gelebt, und ist in diesem greisen Alter so frisch, so gesund, so blühend gewesen, als in seinem zwanzigsten Jahre. Euere Vorurtheile sind irrig, daß ihr in euerer schuldigen Busse Mörder eures Lebens seyn werdet.

Aber, saget mir, hab ich dieses in meinen Fasten-Reden von euch verlanget? hab ich mehreres begehrt, als Paulus von allen Christen fordert? muß ich vielleicht

N alle

alle meine Warnungen wiederholen? Ja, ich will. Sicut in die honeste ambulemus. Ihr sollt in euren Mahlzeiten, an euren Spiel-Tischen, in euren Gesellschaften und Zusammenkünften, in den Schlafkammern und Winkeln eures Hauses ehrbar, in euren Gesprächen und Unterredungen so ehrbar, wie an dem Tage, das ist, vor den Augen aller Menschen, auch die zarte und unschuldige Kinder nicht ausgenommen, sollt ihr wandeln, und euch aufführen. Hab ich zu vieles von euch gefordert? Oder, da ich dieses fordere, hab ich nicht alles gefordert, was ich von eurer Geburt, eurem Stand, eurer Ehre, euren Pflichten und eurer Vernunft fordern kan? Ich habe es von Augustino, seiner Melania, und aller seiner Gesellschaft gefordert. Ich mögte weinen, daß ihr so dumm und unwissend um meine Kanzel gesessen, und gestanden; und nicht gemerket habt, daß ich in der Sprache Christi, das ist in Parabeln, geredet, und um eurer Ehre zu schonen, euren Ehrgeitz nicht zu beleidigen, euere Ausschweifungen nicht zu beschämen, nicht euch, sondern Augustino und Melania geprediget; indessen aber zu euch, und

und nicht zu Augustino und Melania, die sich so grosmüthig bekehret, geredet habe. Wie schmerzlich hat es mir gefallen, daß ich wiederholter malen hören müssen, meine Reden hätten meinen Zuhörern nicht gefallen, weilen ich nur Historien und Geschichten geprediget! Soll es dann möglich seyn, daß so unwissende Menschen die Redart Christi tadeln, und nicht begreifen, daß sie der Augustinus, daß sie die Melania seyen, die ich gewarnet, ehrbar, wie an dem Tage, zu wandeln. Ich sage es also nochmalen: Sitzet ehrbar zu Tische, wie es Christen gebühret; ich meine, bittet GOtt um den Segen euerer Speise, und danket ihm vor seine Gaben. Sitzet ehrbar zu den Mahlzeiten, als ehrbare Bürger dieser Welt, ich will sagen, eure Schüsseln seyen so ehrbar, daß sich unbezahlte Kaufleute, hungerige Handwerker, schmachtende Taglöhner nicht über den verschwenderischen Aufwand eurer Schüsseln ärgern und beklagen können. Euere Becher seyen so mäßig, daß nicht die Thränen der Armen auf selben schwimmen. Eure Reden an den Tafeln seyen so ehrbar, daß ihr nicht Ursache habt, den Dienern und Aufwärtern zu befehlen, einen Abtritt zu nehmen, und daß nicht die schamrothe Unschuld Augen und Ohren zudrücken muß. Euer Spiel seye so ehrbar, daß über euren Verlust weder Creditorn und Freunde, weder Gemahlin und Kinder die Hände über den Kopf zusammen zu schlagen Ursache haben. Euere Gesellschaften und Zusammenkünften seyen so ehrbar, daß ihr weder den Vorhang für ein Fenster ziehen, noch Thüre und Kammer verschlüssen müst, sondern Menschen und Engel ungeärgert unter euch sitzen und zuhören können. Euere Schlafkammern und Winkeln des Hauses seyen so ehrbar, daß ein jedes Aug eures Nachbarn eurer Handlungen und Werken ein Zuschauer seyn darf. GOtt, die Unsterblichkeit der Seele, die Heiligkeit der Religion liege euch also an dem Herzen, daß die ganze ehrbare Welt, wenn die Werke mit eurem Glauben übereinstimmen, von euch urtheilen müsse, ihr seyd der bekehrte Augustinus, und die gebesserte Melania; denn zu dieser heiligen Absicht hab ich euch das Beyspiel Augustini und Melaniæ vorgeleget.

So

So müssen wir ja Heilige werden, werdet ihr in eurem Herzen spotten? Also haltet ihr das Heilig werden für eine Schande? Nein, sagen die Spötter, wir können die Kosten der Heiligsprechung sparen. Im Ernst sagen sie: Menschen, die in der grossen Welt leben wollen, die sollen heilig leben? Dieses sind Geschwätze eines dummen Mönchen; aber keine mögliche Dinge eines Welt-Manns. Langsam; noch ein Wort; hernach schliesse ich.

Zia ein üppiges Frauenzimmer in Italien, der Melania nicht viel ungleich, setzte in eine Lotterie oder Glückshafen ihr Geld. Sie bekame an statt des Gewinstes einen Zettel, auf dem die Devise oder der Denckspruch stunde: Du must eine Heilige werden. Bisogna diventarti Santa. Ich muß heilig werden? schluge sie in einen hellen Lacher auf, da sie es lase. Zia muß heilig werden? Indessen konte sie den Gedanken nicht mehr aus dem Sinn schlagen. Zia fienge an, und lebte ehrbar, und starbe heilig. AA. Ich verlange nichts mehrers von euch, als die Gnade GOttes von Augustino verlanget; dieses ware alles, was sie durch das Sendschreiben Pauli von Ihm

Ihm gefordert: Lasset uns ehrbar, wie an dem Tage wandeln, nicht in Mahlzeiten ꝛc. Augustinus folgte, er lebte ehrbar, und er wurde ein Heiliger. Lebet, dieses sind der Innbegriff meiner ganzen Fasten-Reden, lebet ehrbar an den Mahlzeiten, lebet ehrbar in den Gesellschaften, lebet ehrbar in den Schlafkammern, lebet ehrbar in dem Umgang, und redet ehrbar von den Werken der Religion. Und welches wird die Folge eurer Ehrbarkeit seyn? Die Absichten meiner Fasten-Reden, nemlich, daß ihr ehrbar leben, und heilig sterben werdet, wie Augustinus, seine Melania, und seine ganze Gesellschaft, die ihr selbsten seyd.

A M E N.

www.ingramcontent.com/pod-product-compliance
Lightning Source LLC
Chambersburg PA
CBHW020929230426
43666CB00008B/1619